Wilfried Krenn | Herbert Puchta

Gute Idee! B1.1

DEUTSCH FÜR JUGENDLICHE
KURSBUCH PLUS INTERAKTIVE VERSION

Deutsch als Fremdsprache

HUEBER VERLAG

Beratung:
Cristina Ortega Lupiáñez, Granada, Spanien
Robert Poljan, Bjelovar, Kroatien

3. 2. 1. | Die letzten Ziffern
2028 27 26 25 24 | bezeichnen Zahl und Jahr des Druckes.

Alle Drucke dieser Auflage können, da unverändert, nebeneinander benutzt werden.
1. Auflage

Umschlaggestaltung: Sieveking Agentur, München
Layout und Satz: Sieveking Agentur, München
Verlagsredaktion: Veronika Kirschstein, Gondelsheim; Erika Wegele-Nguyen, Hueber Verlag
Druck und Bindung: Westermann Druck Zwickau GmbH, Zwickau
Printed in Germany
ISBN 978-3-19-501825-8

Art. 530_28368_001_01

WEGWEISER

GUTE IDEE!
hat pro Band drei Module, jedes Modul hat zwei Lektionen und vier Modul-Plus-Seiten.

LEKTION | Eine Lektion hat acht Seiten mit einer festen Lektionsstruktur.

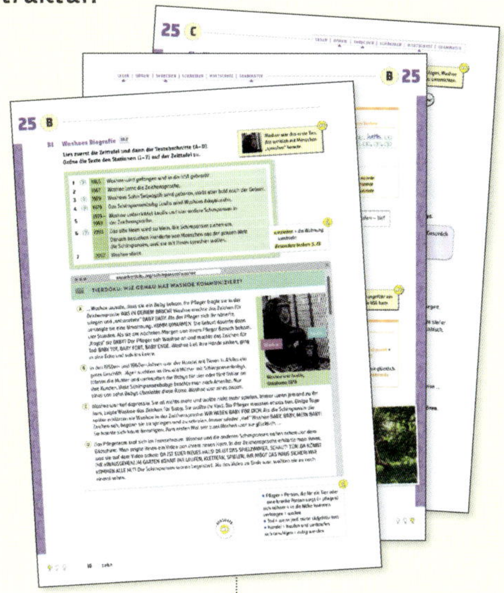

A
Die **A-Seiten** präsentieren Texte in einer Vielfalt von Textsorten.

B C E
Die **B-, C-** und **E-Seiten** behandeln ausgewogen Wortschatz und Grammatik der vorangegangenen Input-Seiten A und D.

D
Mithilfe der **D-Seite** kann man Deutsch hören, so wie es im Alltag gesprochen wird.

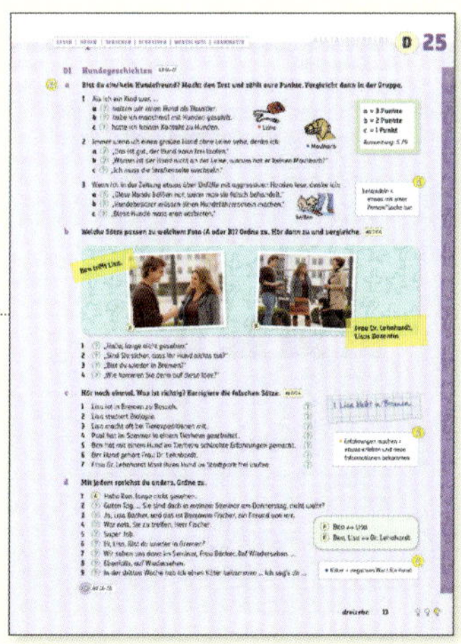

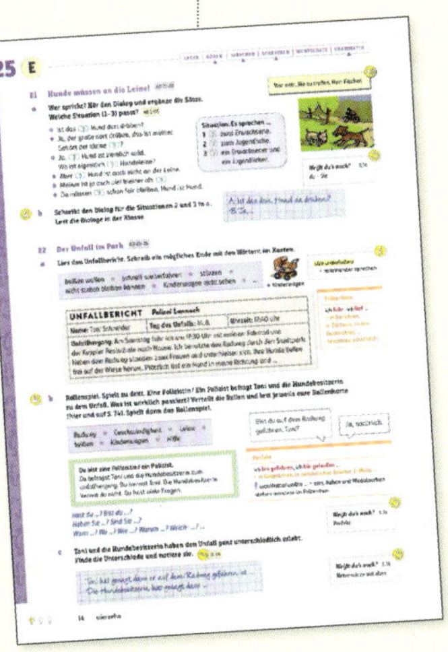

+
Die ⊕**-Seite** beschließt die Lektion mit einem (Hör-)Text oder Spiel, einer Schreibaufgabe und einer Comic-Geschichte.

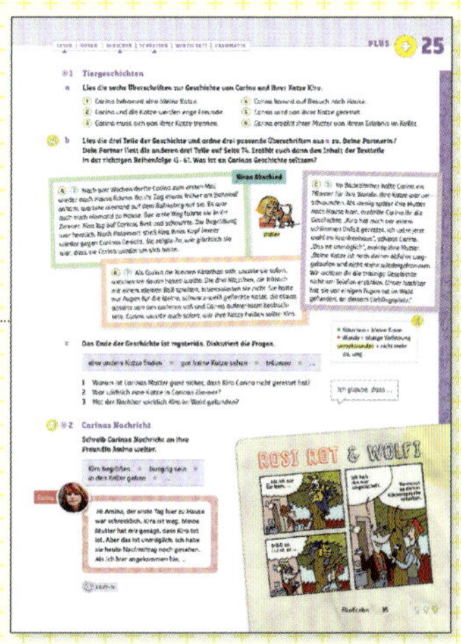

MODUL-PLUS | Auf zwei Lektionen folgen vier Modul-Plus-Seiten.

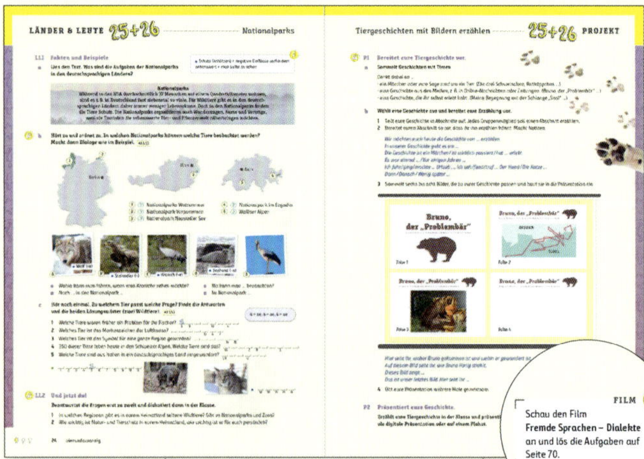

Die **Grammatikübersicht** visualisiert neue Inhalte und Strukturen aus je zwei Lektionen.

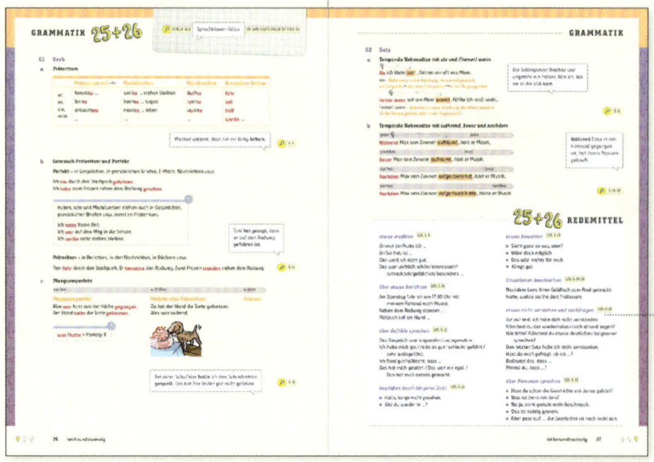

Die Seite **Länder & Leute** zeigt, wie Jugendliche ihren Alltag in Deutschland, Österreich und der Schweiz leben und erleben.

In den **Projekten** kann das Gelernte sofort kreativ umgesetzt werden. Hier gibt es auch einen Verweis auf einen Film mit Aufgaben im Anhang.

FILM
Schau den Film **Fremde Sprachen – Dialekte** an und lös die Aufgaben auf Seite 70.

Die **Redemittel** helfen, Sprechabsichten zu verwirklichen.

ANHANG | weitere Aufgaben

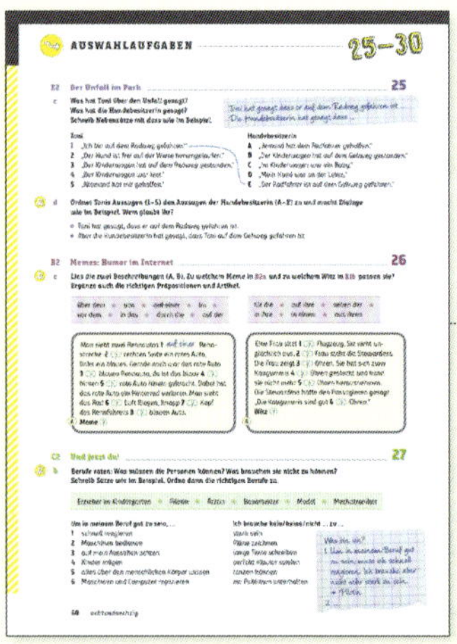

Auswahlaufgaben zu den Lektionen

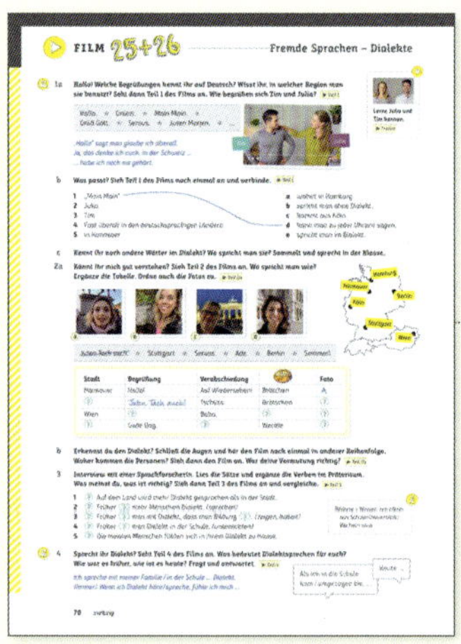

Aufgaben zu Filmen im Medienpaket

SYMBOLE

(Pfeil)	gelenkte Variante der Aufgabe
(zwei Personen)	Aufgabe zu zweit
(Gruppe)	Aufgabe für Kleingruppen
(Heft)	Schreibtraining
GESCHICHTE	Arbeitsblatt zum Sachfach-Unterricht auf *www.hueber.de/gute-idee*

1/10	Aufgabe mit Hörtext (CD 1, Track 10)
AB 3–5	passende Übung(en) im Arbeitsbuch
AB 1–2	Ausspracheübungen im Arbeitsbuch
AB 1–2	Fertigkeitentraining im Arbeitsbuch
▶ Teil 1	zur Aufgabe passender Filmteil
umziehen	Besondere Verben, S. 73

Textzitat

Hörzitat

Grammatik

Infokasten

FILM
Film mit Aufgaben

Weißt du's noch? S. 76–78
Grammatik-Wiederholung

INHALT 25–30

25 | Tier und Mensch

KOMMUNIKATION	WORTSCHATZ	GRAMMATIK
· etwas erzählen · über etwas berichten · über Gefühle sprechen · begrüßen (nach längerer Zeit) · etwas bewerten	· Sprache · Körpersprache	· Präteritum: Mischverben · temporale Nebensätze mit *als* und *(immer) wenn* · Gebrauch Präteritum und Perfekt Wiederholung: Präteritum, Perfekt, *du/Sie*, Nebensätze mit *dass*

26 | Das finde ich lustig!

KOMMUNIKATION	WORTSCHATZ	GRAMMATIK
· Situationen beschreiben · etwas nicht verstehen und nachfragen · über Personen sprechen	· Gefühle · Wortbildung: Adjektive auf *-ig, -lich, -isch* / Nomen auf *-ung, -heit, -keit*	· Plusquamperfekt · temporale Nebensätze mit *während, bevor* und *nachdem* Wiederholung: *wenn, weil/denn/deshalb*, Komparativ, Präpositionen

25 + 26 | MODUL-PLUS

27 | Ich weiß, woran du denkst …

KOMMUNIKATION	WORTSCHATZ	GRAMMATIK
· über Ziele sprechen · Kommuniktionsstrategien · Verwunderung ausdrücken · Wünsche ausdrücken · Ratschläge geben	· Strategien · Verben mit Präpositionen	· Präpositionalpronomen *worüber, darüber …* · *brauchen + zu* · *um … zu* und *damit* · *ohne … zu* und *statt … zu* Wiederholung: Infinitiv mit *zu*, Konjunktiv II (Wünsche, Ratschläge)

28 | Es muss etwas getan werden!

KOMMUNIKATION	WORTSCHATZ	GRAMMATIK
· Sorgen und Hoffnungen äußern · zustimmen · widersprechen · über Umweltprobleme sprechen · Ursachen/Verantwortliche angeben · über Regeln sprechen	· Umwelt · Grafiken	· Passiv mit Modalverben · Konjunktion *falls* · Präposition *wegen* Wiederholung: indirekte Fragesätze, Genitiv, Passiv Präsens

27 + 28 | MODUL-PLUS

29 | Miteinander

KOMMUNIKATION	WORTSCHATZ	GRAMMATIK
· Personen beschreiben und vergleichen · über Beziehungen sprechen · über störende Dinge sprechen und widersprechen	· Adjektive – Antonyme · Beziehungen	· Relativsätze (Relativpronomen im Akkusativ, Dativ, mit Präpositionen) · Adjektivendungen Singular ohne Artikelwort · Reziprokpronomen *sich* und *einander* Wiederholung: Relativsätze (Relativpronomen im Nominativ), Adjektivendungen

30 | Wenn das wahr wäre, …

KOMMUNIKATION	WORTSCHATZ	GRAMMATIK
· über Probleme und Ursachen sprechen · Irreales ausdrücken · etwas vermuten · Wahrscheinlichkeit ausdrücken · Informationen weitergeben	· Krisen · Katastrophen · geschichtliche Ereignisse	· Konjunktiv II der Gegenwart: irreale Bedingungen · Konjunktiv II von Modalverben · Modalverb *sollen* Wiederholung: Konjunktiv II

29 + 30 | MODUL-PLUS

1 Wer ist das? AB 1–6

a **Sieh die Hand an. Welche Fragen (1–8) passen zu den Informationen (A–J)? Drei Informationen passen nicht.**

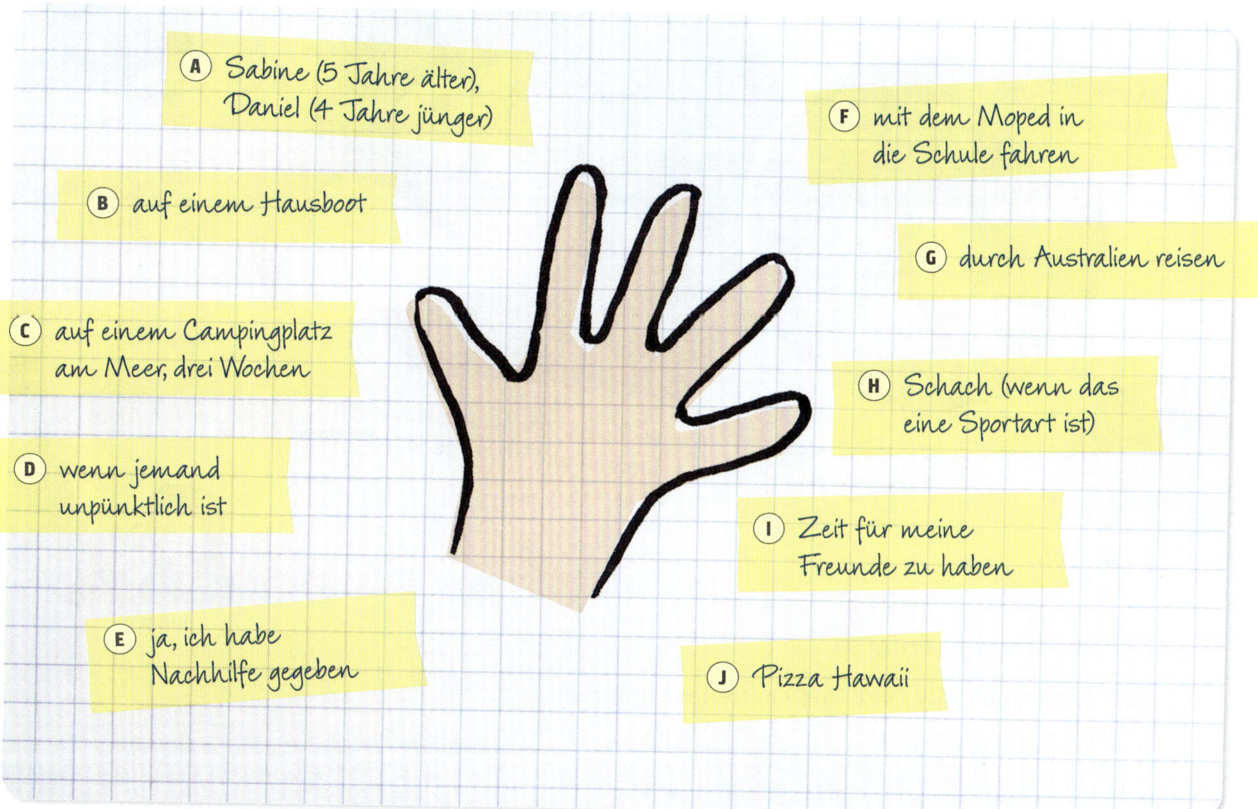

1 Wo möchtest du am liebsten wohnen? (?)
2 Was ist deine Lieblingsspeise? (?)
3 Wo hast du deinen letzten Urlaub verbracht? Wie lange hat der Urlaub gedauert? (?)
4 Was stört dich besonders? (?)
5 Was konntest / durftest du vor fünf Jahren noch nicht tun? (?)
6 Wie heißen deine Geschwister? Wie alt sind sie? (?)
7 Hast du schon einmal Geld verdient? (?)
8 Was ist für dich die langweiligste Sportart? (?)

b **Zeichnet eure Hände auf ein Blatt Papier. Tauscht die Zeichnungen und macht ein Partnerinterview, z. B. mit den Fragen in a. Schreibt die Antworten eurer Partnerin / eures Partners in die Zeichnung, aber keinen Namen. Stellt weitere Fragen zu diesen Themen:**

Urlaub ★ Essen und Trinken ★ Hobbys ★ Ferienjobs ★ Wünsche ★ Lieblingsfilme ★ …

c **Sammelt alle Zeichnungen ein und verteilt sie in der Klasse. Sucht anhand der Zeichnung eure Partnerin / euren Partner. Stellt dann Fragen zu den Informationen auf eurer Zeichnung.**

Warum möchtest du durch Australien reisen?

Was bedeutet …?

Tier und Mensch

25

Wenn eine Katze schnurrt, dann heißt das: ?

A

B

Wenn ein Schimpanse jemanden umarmt und küsst, dann heißt das: ?

C

Wenn Hunde knurren, dann heißt das: ?

küssen

A1 Können Tiere sprechen?

a Was möchten uns die Tiere (A–C) mitteilen? Ordne zu.

1 ? „Mir geht es gut. Ich fühle mich wohl. Ich habe Vertrauen zu dir."
2 ? „Ich warne dich, ich habe schlechte Laune."
3 ? „Ich sehe, dass du traurig bist, ich fühle mit dir."

> i
> mitteilen ≈ jemandem etwas sagen (mit oder ohne Worte)
> ● Vertrauen haben ≈ wissen, dass jmd. etwas richtig macht
> warnen ≈ mitteilen, dass etwas gefährlich ist
> gute/schlechte ● Laune haben ≈ Gefühle in einer bestimmten Situation

b Wenn Tiere sprechen könnten: Was würdet ihr sie gern fragen? Wählt eine Tierart und schreibt Minidialoge.

Hund ★ Schwein ★ Löwe ★ ...

○ Müssen wir wirklich im Regen spazieren gehen, Bello?
◆ Ja, der Regen stört doch nicht!

c Lest eure Dialoge vor. Die anderen raten die Tierart.

> Ich glaube, da spricht ein Hund.

A2 „Gespräche" zwischen Mensch und Tier AB 1

a Sag die Sätze anders. Tausche die markierten Wörter gegen Wörter aus dem Kasten.

1 Forschern ist es gelungen (B), mit Schimpansen Deutsch zu sprechen.
2 Schimpansen verwenden ? auch Schriftzeichen, wenn sie mit anderen Schimpansen kommunizieren.
3 Schimpansen können selbstständig ? neue „Wörter" erfinden.
4 Schimpansen können erzählen, was sie erlebt ? haben.

> A benutzen
> B ~~Wissenschaftler haben es geschafft~~
> C ganz alleine
> D gefühlt, gesehen und gehört

b Sind die Sätze in a richtig oder falsch? Was meint ihr?

> Ich glaube nicht, dass man mit Schimpansen Deutsch sprechen kann.

c Lies und hör den Text. Sind eure Vermutungen in b richtig? 1/01

MIT TIEREN SPRECHEN

Dr. Dolittle ist Arzt von Beruf. Doch er ist kein normaler Arzt, denn Dr. Dolittle kann mit Tieren sprechen. Tiere sind deshalb auch seine Lieblingspatienten.

Dr. Dolittle existiert leider nur in Kinderbüchern und Hollywood-Spielfilmen. Menschen, die alle Tiersprachen sprechen, gibt es nicht. Trotzdem können wir manchmal ganz gut verstehen, was Tiere uns mitteilen wollen. Wir müssen nur auf ihr Verhalten achten: Wenn Hunde die Zähne zeigen, dann heißt das zum Beispiel „Achtung". Sie wollen uns warnen. Wenn Katzen schnurren, dann wissen wir, sie fühlen sich wohl.

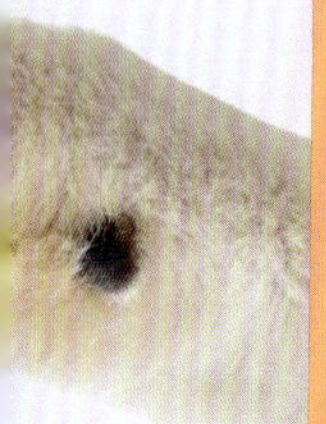

Und mit unseren engsten Verwandten, den Affen, kann es sogar gelingen, richtig zu kommunizieren. Man muss dafür kein Dr. Dolittle sein.

Die Schimpansin Washoe war ungefähr ein halbes Jahr alt, als sie von Afrika in die USA kam. Dort begannen zwei Psychologen, Washoe in einer Zeichensprache zu unterrichten. Die Voraussetzungen dafür waren nicht schlecht, denn Schimpansen verwenden auch eine Zeichensprache, wenn sie mit anderen Schimpansen kommunizieren.

Das erste „Wort", das Washoe lernte, war nicht „Mama" oder „Papa" wie bei einem Menschenkind, sondern das Zeichen für „mehr". Immer wenn Washoe mehr Essen oder mehr Umarmungen wollte, verwendete sie dieses Zeichen. In den nächsten Jahren lernte Washoe mehr als zweihundert weitere Zeichen: Sie lernte Zeichen für Gegenstände und Aktivitäten, aber sie lernte auch Zeichen für Farben oder Formen. Wenn sie etwas Neues sah, konnte Washoe sogar selbstständig neue „Wörter" bilden. Eine Wassermelone wurde dann zu einer „Trink-Frucht", der Weihnachtsbaum ein „Zucker-Baum". Bald konnte Washoe sagen, was ihr gefiel und was sie nicht mochte. Auch konnte Washoe „erzählen", was sie erlebt hatte.

• Wassermelone

Sie war das erste Tier, das wirklich mit Menschen „sprechen" konnte. Schließlich wurde Washoe selbst zur Lehrerin. Ihr Adoptivsohn Loulis lernte die Zeichensprache nur von seiner Mutter, kein Mensch half ihm dabei.

Washoe und Loulis mussten ihr Leben lang bei Menschen leben und von ihnen lernen. Dr. Dolittles Tieren ging es da besser, denn Dolittle wollte von den Tieren lernen. Die Tiere waren seine Lehrer, er war ihr Schüler. Die moderne Wissenschaft geht einen ähnlichen Weg: Sie versucht herauszufinden, wie Tierfamilien kommunizieren. Deshalb sind Sprachexperimente wie bei Washoe heute selten geworden.

i
- • Affe ≈ • Schimpanse, • Gorilla usw.
- • Zeichensprache = Sprache für stumme Menschen (≈ Menschen, die nicht sprechen können)
- • Voraussetzung ≈ etwas, das da sein muss, wenn etwas passieren / gelingen soll

d **Was ist richtig?**

1 Dr. Dolittle kann alle Tiersprachen sprechen, …
- **a** ? weil er Tiere liebt.
- **b** ? weil er kein wirklicher Mensch ist.

2 Forscher haben Washoe in einer Zeichensprache unterrichtet, …
- **a** ? weil Washoe stumm war.
- **b** ? weil Schimpansen nicht sprechen können.

3 Washoes erstes „Wort" war …
- **a** ? das „Wort" für „Mutter".
- **b** ? das „Wort" für „mehr".

4 Washoe konnte …
- **a** ? keine neuen Wörter erfinden.
- **b** ? sagen, welche Farbe sie mochte.

5 Loulis lernte die Zeichensprache …
- **a** ? von seiner Adoptivmutter.
- **b** ? von Menschen.

6 Sprachexperimente mit Schimpansen sind heute selten, …
- **a** ? weil die Experimente für die Tiere nicht gut sind.
- **b** ? weil Washoe eine besonders intelligente Schimpansin war.

A3 Begegnungen mit Tieren

Denk an positive oder negative Begegnungen mit Tieren. Was haben die Tiere versucht, dir mitzuteilen? Mach Notizen und erzähl in der Klasse.

Einmal bin / habe ich … *Er/Sie hat/ist …* *Das weiß ich noch gut.*
Das war wirklich schön/interessant/schrecklich/gefährlich/besonders …

Letzten Monat habe ich im Zoo einen Elefanten gesehen. Er …

B1 Washoes Biografie AB 2

Lies zuerst die Zeittafel und dann die Textabschnitte (A–D). Ordne die Texte den Stationen (1–7) auf der Zeittafel zu.

Washoe **war** das erste Tier, das wirklich mit Menschen „sprechen" **konnte**.

1	(?)	1965	Washoe wird gefangen und in die USA gebracht.
2		1967	Washoe lernt die Zeichensprache.
3	(?)	1979	Washoes Sohn Sequoyah wird geboren, stirbt aber bald nach der Geburt.
4	(?)	1979	Das Schimpansenbaby Loulis wird Washoes Adoptivsohn.
5		1979 – 1993	Washoe unterrichtet Loulis und vier andere Schimpansen in der Zeichensprache.
6	(?)	1993	Das alte Heim wird zu klein. Die Schimpansen ziehen um.
			Danach besuchen Hunderte von Menschen aus der ganzen Welt die Schimpansen, weil sie mit ihnen sprechen wollen.
7		2007	Washoe stirbt.

umziehen ≈ die Wohnung wechseln

Besondere Verben: S. 73

www.tierdoku.org/schimpansen/washoe

TIERDOKU: WIE GENAU HAT WASHOE KOMMUNIZIERT?

Washoe und Loulis, Oklahoma 1979

A ... Washoe wusste, dass sie ein Baby bekam. Ihr Pfleger fragte sie in der Zeichensprache WAS IN DEINEM BAUCH? Washoe machte das Zeichen für wiegen und „antwortete" BABY BABY. Als der Pfleger sich ihr näherte, verlangte sie eine Umarmung. KOMM UMARMEN. Die Geburt dauerte dann vier Stunden. Als sie am nächsten Morgen von ihrem Pfleger Besuch bekam, „fragte" sie BABY? Der Pfleger sah Washoe an und machte das Zeichen für Tod: BABY TOT, BABY FORT, BABY ENDE. Washoe ließ ihre Hände sinken, ging in eine Ecke und sah ins Leere.

B In den 1950er- und 1960er-Jahren war der Handel mit Tieren in Afrika ein gutes Geschäft. Jäger suchten im Urwald Mütter mit Schimpansenbabys, töteten die Mutter und verkauften die Babys für vier oder fünf Dollar an ihre Kunden. Viele Schimpansenbabys brachte man nach Amerika. Nur eines von zehn Babys überlebte diese Reise. Washoe war eines davon.

C Washoe war tief depressiv. Sie aß nichts mehr und wollte nicht mehr spielen. Immer wenn jemand zu ihr kam, zeigte Washoe das Zeichen für Baby. Sie wollte ihr Kind. Die Pfleger mussten etwas tun. Einige Tage später erklärten sie Washoe in der Zeichensprache: WIR HABEN BABY FÜR DICH. Als die Schimpansin die Zeichen sah, begann sie zu springen und zu schreien. Immer wieder „rief" Washoe BABY, BABY, MEIN BABY! Sie konnte sich kaum beruhigen. Zum ersten Mal seit zwei Wochen war sie glücklich. ...

D Das Pflegeteam traf sich im Fernsehraum. Washoe und die anderen Schimpansen saßen schon vor dem Bildschirm. Man zeigte ihnen ein Video von ihrem neuen Heim. In der Zeichensprache erklärte man ihnen, was sie auf dem Video sahen: DA IST EUER NEUES HAUS! DA IST DAS SPIELZIMMER. SCHAUT! TÜR! DA KÖNNT IHR HINAUSGEHEN! IM GARTEN KÖNNT IHR LAUFEN, KLETTERN, SPIELEN. IHR MÖGT DAS HAUS SICHER! WIR KOMMEN ALLE MIT! Die Schimpansen waren begeistert. Als das Video zu Ende war, wollten sie es noch einmal sehen.

BIOLOGIE

- Pfleger ≈ Person, die für ein Tier oder eine kranke Person sorgt (≈ pflegen)

sich nähern ≈ in die Nähe kommen
verlangen ≈ wollen

- Tod ≈ wenn jmd. stirbt (Adjektiv: tot)
- Handel ≈ kaufen und verkaufen

sich beruhigen ≈ ruhig werden

B2 Präteritum AB 3–7

a Such die Präteritum-Formen in den Texten (A–D) in **B1** und ordne sie in der Tabelle zu. Schreib dann die Infinitive.

Präteritum mit -t-: zeigte – zeigen …

Präteritum	
mit -t-	Besondere Verben
zeigte, (?)	war, (?), hatte, (?) (?), (?), (?), (?), (?)
! Modalverben wollte, (?), (?)	wurde
Mischverben	
bringen – brachte denken – dachte kennen – kannte	nennen – nannte rennen – rannte wissen – wusste

b Besondere Verben im Präteritum. Wie heißt wohl der Infinitiv? Ordne zu.

1 flog (E)
2 stand (?)
3 ritt (?)
4 trank (?)
5 hielt (?)
6 fiel (?)
7 lag (?)
8 gab (?)

(A) trinken (E) ~~fliegen~~
(B) liegen (F) geben
(C) stehen (G) halten
(D) reiten (H) fallen

Weißt du's noch? S. 76
Präteritum

c Wählt ein besonderes Verb aus **a** oder **b**. Zeigt das Verb in der Zeichensprache. Eure Partnerin / Euer Partner nennt den Infinitiv und das Präteritum. Verwendet auch Verben von Seite 73.

B3 Was passierte, als …? AB 8–13

a *Als* oder *wenn*? Lies die Erklärungen im Grammatikkasten. Ordne dann die Satzteile A–E zu. Zu welchen Texten in **B1** passen sie?

Die Schimpansin Washoe war ungefähr ein halbes Jahr alt, **als** sie in die USA kam.

1 Als Washoe nach Amerika kam, … (C) Text B
2 Immer wenn Washoes Pfleger fragte, was sie in ihrem Bauch hatte, … (?) (?)
3 Als Washoe vom Tod ihres Babys hörte, … (?) (?)
4 Immer wenn Washoes Pfleger nach Sequoyahs Tod zu ihr ging, … (?) (?)
5 Als alle Schimpansen vor dem Fernsehapparat saßen, … (?) (?)

Nebensätze mit als und (immer) wenn

Als Washoe Loulis **sah**, war sie glücklich.
als + Nebensatz ≈ das passiert einmal, ein Zeitpunkt • oder eine Zeitspanne ⟼ in der Vergangenheit

Immer wenn Washoe mit Loulis **spielte**, war sie glücklich.
(immer) wenn + Nebensatz ≈ das passiert mehrmals (in der Vergangenheit oder Gegenwart)

(A) … machte sie das Zeichen für „wiegen" und „sagte": BABY, BABY. ★
(B) … setzte sie sich in eine Ecke und sah ins Leere. ★
(C) … ~~war sie noch ein Baby~~. ★
(D) … zeigten die Pfleger ihnen ein Video über ihr neues Heim. ★
(E) … zeigte Washoe ihm, dass sie ihr Kind wollte.

b Schreibt Fragesätze mit *als …* oder *(immer) wenn …* zu den Texten in **B1**. Lest die Fragen vor. Eure Partnerin / Euer Partner antwortet.

1 Was passierte, als ….
2 Was machte Washoe, wenn sie …
3 Was sah Washoes Pfleger, als …
4 Wie reagierte Washoe, als …

C1 Körpersprache – Gestik und Mimik AB 14

> Dort begannen zwei Psychologen, Washoe in einer **Zeichensprache** zu unterrichten.

a **Was bedeuten die Gesten in den deutschsprachigen Ländern? Was meint ihr? Ordnet zu.**

1 (?) Jemand erschreckt sich.
2 (?) Jemand bittet um etwas.
3 (?) Jemand begrüßt oder verabschiedet jemanden, sie/er winkt mit der Hand.
4 (?) Jemand denkt nach.
5 (?) Jemand beleidigt jemanden.
6 (?) Jemand will etwas nicht tun, sie/er weigert sich.

b **Hört zu und vergleicht. Sammelt weitere Gesten, zeigt und erklärt sie in der Klasse.** 1/02

c **Zeigt eine Geste aus a oder b, eure Partnerin / euer Partner sagt, was die Geste bedeutet.**

> Du denkst nach.

> Ja, genau.

C2 Ein gutes Gespräch führen AB 15

a **Was meint ihr, welche Körpersprache hilft bei einem Gespräch – und was stört? Zeichnet Smileys.**

1 gestikulieren, wild mit den Händen „sprechen"
2 nervös wegschauen
3 in die Augen schauen
4 mit dem Kopf nicken
5 lächeln
6 die Arme verschränken und sich zurücklehnen

> 🙂 macht das Gespräch angenehm
> 🙁 stört

b **Hör das Interview mit dem Psychologen Dr. Nachbauer. Vergleiche deine Antworten in a.** 1/03

c **Hör noch einmal. Was sagt Dr. Nachbauer? Was ist richtig?** 1/03

1 Gute Körpersprache ist wichtig, weil
  a (?) sie ein Gespräch angenehm machen kann.
  b (?) wir den Inhalt des Gesprächs schneller vergessen.
  c (?) wir uns gern an den Gesprächspartner erinnern.

2 Die Körpersprache kann zeigen, ob
  a (?) der Zuhörer dem Sprecher zustimmt oder nicht.
  b (?) der Zuhörer sympathisch ist.
  c (?) der Inhalt des Gesprächs richtig ist.

3 Wenn man den Gesprächspartner spiegelt,
  a (?) braucht man einen Spiegel.
  b (?) verhält man sich so ähnlich wie sie/er.
  c (?) findet man sie/ihn nicht sympathisch.

4 Spiegeln kann helfen,
  a (?) ein gutes Gespräch zu führen.
  b (?) besser auszusehen.
  c (?) jemanden zu ärgern.

d **Bereite einen Kurzvortrag vor (ca. eine Minute).**

1 Wähl ein Thema: dein Haustier, deine Pläne am Wochenende, ein interessanter Film, eine tolle Urlaubsreise ...
2 Notiere Stichpunkte zu deinem Thema: Worum geht es? Wer? Was? Wann? Wo? Wie? Warum?

e **Sprecht eine Minute lang über euer Thema. Euer Partner / Eure Partnerin versucht zuerst, gut zuzuhören. Wiederholt dann die Aktivität: Jetzt seid ihr schlechte Zuhörer oder Zuhörerinnen.**

f **Sprecht in der Klasse über die Gespräche. Wie wichtig war die Körpersprache? Wie waren die Gespräche für euch?**

Das erste/zweite Gespräch war angenehm/unangenehm.
Ich habe mich gut/nicht so gut/schlecht gefühlt/sehr wohlgefühlt.
Ich fand gut/schlecht, dass ...
Meine Partnerin / Mein Partner hat nie gelächelt / mich nie angeschaut ...
Das hat mich gestört. / Das war mir egal. / Das hat mich nervös gemacht.

D1 Hundegeschichten AB 16–17

a Bist du ein/kein Hundefreund? Macht den Test und zählt eure Punkte. Vergleicht dann in der Gruppe.

1 Als ich ein Kind war, …
- a (?) hatten wir einen Hund als Haustier.
- b (?) habe ich manchmal mit Hunden gespielt.
- c (?) hatte ich keinen Kontakt zu Hunden.

• Leine

• Maulkorb

a = 3 Punkte
b = 2 Punkte
c = 1 Punkt
Auswertung: S. 79

2 Immer wenn ich einen großen Hund ohne Leine sehe, denke ich:
- a (?) „Das ist gut, der Hund kann frei laufen."
- b (?) „Warum ist der Hund nicht an der Leine, warum hat er keinen Maulkorb?"
- c (?) „Ich muss die Straßenseite wechseln."

3 Wenn ich in der Zeitung etwas über Unfälle mit aggressiven Hunden lese, denke ich:
- a (?) „Diese Hunde beißen nur, wenn man sie falsch behandelt."
- b (?) „Hundebesitzer müssen einen Hundeführerschein machen."
- c (?) „Diese Hunde muss man verbieten."

beißen

i: behandeln ≈ etwas mit einer Person/Sache tun

b Welche Sätze passen zu welchem Foto (A oder B)? Ordne zu. Hör dann zu und vergleiche. 1/04

Ben trifft Lisa.

A

B

Frau Dr. Lehnhardt, Lisas Dozentin

1 (?) „Hallo, lange nicht gesehen."
2 (?) „Sind Sie sicher, dass Ihr Hund nichts tut?"
3 (?) „Bist du wieder in Bremen?"
4 (?) „Wie kommen Sie denn auf diese Idee?"

c Hör noch einmal. Was ist richtig? Korrigiere die falschen Sätze. 1/04

1 Lisa ist in Bremen zu Besuch. (?)
2 Lisa studiert Biologie. (?)
3 Lisa macht oft bei Tierexpeditionen mit. (?)
4 Paul hat im Sommer in einem Tierheim gearbeitet. (?)
5 Ben hat mit einem Hund im Tierheim schlechte Erfahrungen gemacht. (?)
6 Der Hund gehört Frau Dr. Lehnhardt. (?)
7 Frau Dr. Lehnhardt lässt ihren Hund im Stadtpark frei laufen. (?)

1 Lisa bleibt in Bremen.

i: • Erfahrungen machen ≈ etwas erleben und neue Informationen bekommen

d Mit jedem sprichst du anders. Ordne zu.

1 (A) Hallo Ben, lange nicht gesehen.
2 (?) Guten Tag, … Sie sind doch in meinem Seminar am Donnerstag, nicht wahr?
3 (?) Ja, Lisa Bäcker, und das ist Benjamin Fischer, ein Freund von mir.
4 (?) War nett, Sie zu treffen, Herr Fischer.
5 (?) Super Job.
6 (?) Hi, Lisa. Bist du wieder in Bremen?
7 (?) Wir sehen uns dann im Seminar, Frau Bäcker. Auf Wiedersehen. …
8 (?) Ebenfalls, auf Wiedersehen.
9 (?) In der dritten Woche hab ich einen Köter bekommen … Ich sag's dir …

(A) Ben ↔ Lisa
(B) Ben, Lisa ↔ Dr. Lehnhardt

i: • Köter ≈ negatives Wort für Hund

AB 18–20

E1 Hunde müssen an die Leine! AB 21–22

War nett, **Sie** zu treffen, Herr Fischer.

a **Wer spricht? Hör den Dialog und ergänze die Sätze. Welche Situation (1–3) passt?** 1/05

- ○ Ist das ? Hund dort drüben?
- ◆ Ja, der große dort drüben, das ist meiner. Gehört der kleine ??
- ○ Ja. ? Hund ist ziemlich wild. Wo ist eigentlich ? Hundeleine?
- ◆ Aber ? Hund ist auch nicht an der Leine.
- ○ Meiner ist ja auch viel kleiner als ?.
- ◆ Da müssen ? schon fair bleiben, Hund ist Hund.

Situation: Es sprechen …
1 ? zwei Erwachsene.
2 ? zwei Jugendliche.
3 ? ein Erwachsener und ein Jugendlicher.

Weißt du's noch? S. 76
du – Sie

b **Schreibt den Dialog für die Situationen 2 und 3 in a. Lest die Dialoge in der Klasse.**

A: Ist das dein Hund da drüben?
B: Ja, …

E2 Der Unfall im Park AB 23–26

a **Lies den Unfallbericht. Schreib ein mögliches Ende mit den Wörtern im Kasten.**

beißen wollen ★ schnell weiterfahren ★ stürzen ★ nicht stehen bleiben können ★ Kinderwagen nicht sehen ★ …

• Kinderwagen

sich unterhalten
≈ miteinander sprechen

UNFALLBERICHT *Polizei Lannach*		
Name: Toni Schneider	**Tag des Unfalls:** 14. 8.	**Uhrzeit:** 17:40 Uhr
Unfallhergang: Am Samstag fuhr ich um 17:30 Uhr mit meinem Fahrrad von der Keppler Realschule nach Hause. Ich benutzte den Radweg durch den Stadtpark. Neben dem Radweg standen zwei Frauen und unterhielten sich. Ihre Hunde liefen frei auf der Wiese herum. Plötzlich lief ein Hund in meine Richtung und …		

Präteritum
ich **fuhr**, ich **lief** …
≈ in Berichten, in Büchern, in den Nachrichten … (meistens schriftlich)

b **Rollenspiel. Spielt zu dritt. Eine Polizistin / Ein Polizist befragt Toni und die Hundebesitzerin zu dem Unfall. Was ist wirklich passiert? Verteilt die Rollen und lest jeweils eure Rollenkarte (hier und auf S. 74). Spielt dann das Rollenspiel.**

Radweg ★ Geschwindigkeit ★ Leine ★ beißen ★ Kinderwagen ★ Hilfe

Bist du auf dem Radweg gefahren, Toni?

Ja, natürlich.

Du bist eine Polizistin / ein Polizist.
Du befragst Toni und die Hundebesitzerin zum Unfallhergang. Du kennst Toni. Die Hundebesitzerin kennst du nicht. Du hast viele Fragen.

Hast du …? Bist du …?
Haben Sie …? Sind Sie …?
Wann …? Wo …? Wie …? Warum …? Welch- …? …

Perfekt
ich **bin gefahren**, ich **bin gelaufen** …
≈ in Gesprächen, in persönlichen Briefen, E-Mails …
! war/hatte/wollte … = *sein, haben* und Modalverben stehen meistens im Präteritum

Weißt du's noch? S. 76
Perfekt

c **Toni und die Hundebesitzerin haben den Unfall ganz unterschiedlich erlebt. Finde die Unterschiede und notiere sie.** S. 68

Toni hat gesagt, dass er auf dem Radweg gefahren ist. …
Die Hundebesitzerin hat gesagt, dass …

Weißt du's noch? S. 78
Nebensätze mit *dass*

1 Tiergeschichten

a Lies die sechs Überschriften zur Geschichte von Carina und ihrer Katze Kira.

1. Carina bekommt eine kleine Katze.
2. Carina und die Katze werden enge Freunde.
3. Carina muss sich von ihrer Katze trennen.
4. Carina kommt auf Besuch nach Hause.
5. Carina wird von ihrer Katze gerettet.
6. Carina erzählt ihrer Mutter von ihrem Erlebnis im Keller.

b Lies die drei Teile der Geschichte und ordne drei passende Überschriften aus a zu. Deine Partnerin / Dein Partner liest die anderen drei Teile auf Seite 74. Erzählt euch dann den Inhalt der Textteile in der richtigen Reihenfolge (1–6). Was ist an Carinas Geschichte seltsam?

Kiras Abschied

A ? Nach vier Wochen durfte Carina zum ersten Mal wieder nach Hause fahren. Da ihr Zug etwas früher am Bahnhof ankam, wartete niemand auf dem Bahnsteig auf sie. Es war auch noch niemand zu Hause. Der erste Weg führte sie in ihr Zimmer. Kira lag auf Carinas Bett und schnurrte. Die Begrüßung war herzlich. Nach Katzenart stieß Kira ihren Kopf immer wieder gegen Carinas Gesicht. Sie zeigte ihr, wie glücklich sie war, dass sie Carina wieder um sich hatte.

stoßen

B ? Als Carina die kleinen Kätzchen sah, wusste sie sofort, welches sie davon haben wollte. Die drei Kätzchen, die fröhlich mit einem kleinen Ball spielten, interessierten sie nicht. Sie hatte nur Augen für die kleine, schwarz-weiß gefleckte Katze, die etwas abseits von den anderen saß und Carina aufmerksam beobachtete. Carina wusste auch sofort, wie ihre Katze heißen sollte: Kira.

C ? Im Badezimmer holte Carina ein Pflaster für ihre Wunde. Ihre Katze war verschwunden. Als wenig später ihre Mutter nach Hause kam, erzählte Carina ihr die Geschichte. „Kira hat mich vor einem schlimmen Unfall gerettet. Ich wäre jetzt wohl im Krankenhaus", schloss Carina. „Das ist unmöglich", meinte ihre Mutter. „Deine Katze ist nach deiner Abfahrt weggelaufen und nicht mehr wiedergekommen. Wir wollten dir die traurige Geschichte nicht am Telefon erzählen. Unser Nachbar hat sie vor einigen Tagen tot im Wald gefunden, an deinem Lieblingsplatz."

i
- Kätzchen ≈ kleine Katze
- Wunde ≈ blutige Verletzung
- verschwunden ≈ nicht mehr da, weg

c Das Ende der Geschichte ist mysteriös. Diskutiert die Fragen.

eine andere Katze finden ★ gar keine Katze sehen ★ träumen ★ ...

1. Warum ist Carinas Mutter ganz sicher, dass Kira Carina nicht gerettet hat?
2. War wirklich eine Katze in Carinas Zimmer?
3. Hat der Nachbar wirklich Kira im Wald gefunden?

Ich glaube, dass ...

2 Carinas Nachricht

Schreib Carinas Nachricht an ihre Freundin Amina weiter.

Kira begrüßen ★ hungrig sein ★ in den Keller gehen ★ ...

Carina

Hi Amina, der erste Tag hier zu Hause war schrecklich. Kira ist weg. Meine Mutter hat mir gesagt, dass Kira tot ist. Aber das ist unmöglich. Ich habe sie heute Nachmittag noch gesehen. Als ich hier angekommen bin, ...

AB 27–31

26

A

B

C

Ich lache über Clowns im Zirkus.

Ich lache, wenn jemand komisch aussieht.

Ich finde es komisch, wenn etwas passiert, was ich nicht erwartet habe.

Kinder haben mehr zu lachen
Statistiken zeigen, dass Erwachsene durchschnittlich 15-mal am Tag lachen. Kinder tun das viel öfter. Sie lachen jeden Tag durchschnittlich 400-mal. Warum ist das wohl so?

durchschnittlich ≈ manchmal mehr, manchmal weniger, insgesamt aber eine bestimmte Zahl
vorbei ≈ zu Ende
lächerlich ≈ so unpassend, dass es komisch ist
• Sketch ≈ gespielter Witz
• Autoritätsperson ≈ jmd., der für andere Personen wichtige Dinge entscheidet (Polizist, Lehrer usw.)

A1 Was bringt dich zum Lachen?

a **Lies die Beispiele oben und sammle weitere Situationen.**

Ich lache, wenn …
Ich finde es komisch, wenn …
Ich lache über …

Weißt du's noch? S. 78
Nebensätze mit *wenn*

ich mich freue. ★ jemand einen Witz erzählt. ★ eine gefährliche Situation vorbei ist. ★ Unfälle. ★ jemand einen Fehler macht. ★ ich Freunde treffe. ★ ich Katzenvideos im Internet anschaue. ★ ich nervös bin. ★ einen komischen Film. ★ eine komische Situation (z. B. im Karneval). ★ einen lustigen Sketch ★ kleine Kinder. ★ lächerliche Autoritätspersonen. ★ mich selbst. ★ …

b **Ordnet die Beispiele in a zu und vergleicht. Was findet ihr beide komisch, was findet ihr beide nicht komisch?**

c **Welche Situationen sind eigentlich gar nicht komisch?**

A Das finde ich komisch: Sketche, [?]
B Das finde ich manchmal komisch: [?]
C Das finde ich gar nicht komisch: [?]

Ich finde es gar nicht komisch, wenn ich nervös bin. Trotzdem lache ich dann manchmal.

A2 Komikerinnen und Komiker AB 1

a **Lies das Interview auf Seite 17 und die Fragen (A–F). Welche Frage passt zu welcher Antwort? Hör dann das Interview und vergleiche.** 1/06

(A) Hat sich da schon einmal jemand beschwert?
(B) Ärgern Sie sich über negative Reaktionen auf Ihre Witze?
(C) Warum ist Lachen so wichtig für Sie?
(D) ~~Können Sie diese Reaktion verstehen?~~
(E) Ist das immer so?
(F) Wie reagieren Sie auf solche Kritik?

Mirijam Böll, Komikerin

sich beschweren ≈ jmdm. mitteilen, dass man nicht zufrieden ist
• Reaktion ≈ wie jemand reagiert

LACHEN BEFREIT ...

Mirijam Böll ist Schauspielerin von Beruf. Bekannt wurde sie aber vor allem als Komikerin. Vor einem Monat ist ihr Buch „Lachen Sie doch mit!" erschienen. „Heute aktuell" spricht mit ihr über ihre Arbeit.

Heute aktuell: In Ihrem Buch geht es um das Lachen. Auch in Ihren Kabarettprogrammen versuchen Sie, Ihre Zuschauerinnen und Zuschauer zum Lachen zu bringen. 1 (?)

Mirijam Böll: Das ist ganz einfach: Lachen befreit. Man nimmt sich selbst nicht so wichtig, und man ist offener für neue Ideen und andere Meinungen.

Heute aktuell: Sie meinen also, durch Lachen wird man toleranter? 2 (?)

Mirijam Böll: Nein, Sie haben natürlich recht. Manchmal gibt es auch Personen, die negativ auf meine Sketche reagieren. Sie fühlen sich beleidigt und sagen mir das auch. Diese Personen meinen, dass man über bestimmte Dinge keine Witze machen darf.

Heute aktuell: 3 (D)

Mirijam Böll: Ich möchte mit meinen Sketches niemanden lächerlich machen oder beleidigen. Aber es muss möglich sein, auch über ernste Dinge zu lachen, und natürlich auch über Autoritätspersonen, wie zum Beispiel über Personen in der Politik, bei der Polizei oder Lehrerinnen und Lehrer. Wenn man über Autoritätspersonen lacht, kann man sie als ganz normale Menschen sehen, die eben auch Fehler machen. Das ist ganz wichtig.

Heute aktuell: 4 (?)

Mirijam Böll: Nein, ich ärgere mich nicht, aber manchmal wundere ich mich. Zu einem Sketch habe ich einmal negative Kritik bekommen. Ich hatte ein Baby gespielt, das Zigaretten geraucht hat. Meine Kritiker fanden das geschmacklos.

• Zigarette

Heute aktuell: 5 (?)

Mirijam Böll: Ich ignoriere sie meistens. Diese Kritiker haben nicht wirklich verstanden, was eine Komikerin macht. Wenn man witzige Sketche spielt, dann bildet man nicht die Realität ab, sondern man übertreibt. Wenn ich sehe, dass Jugendliche immer früher mit dem Rauchen beginnen, dann denke ich als Komikerin sofort: Wie kann man das übertreiben? Und dann spielt man eben ein Baby, das im Kinderwagen raucht. Bei jedem Sketch übertreibt man: Wenn eine Person nervös ist, spielt man sie noch nervöser, als sie wirklich ist. Wenn jemand Angst hat, spielt man ihn noch ängstlicher, als er ist, und wenn jemand laut spricht, muss man im Sketch natürlich noch lauter sprechen.

Heute aktuell: Sie machen ja auch über viele bekannte Personen Witze. 6 (?)

Mirijam Böll: Nein, viele freuen sich sogar, wenn sie in meinen Sketches vorkommen. Nur einmal hat sich jemand beschwert. Bei einer Schulfeier hatte ich den Schuldirektor gespielt. Das hat ihm leider gar nicht gefallen.

b Lies den Text noch einmal. Schreib Antworten auf die Fragen.

1 Warum will Mirijam Böll die Menschen zum Lachen bringen?

Weil Lachen befreit. Und weil man ...

2 Warum fühlen sich manche Menschen durch Mirijam Bölls Sketche beleidigt?
3 Warum ist es wichtig, dass man auch über Autoritätspersonen lacht?
4 Warum hat Mirijam Böll ein Baby gespielt, das raucht?
5 Warum hat sich der Schuldirektor bei Mirijam Böll beschwert?

(i)
erscheinen ≈ etwas wird gedruckt, sodass man es lesen kann
sich wundern ≈ etwas seltsam finden
geschmacklos ≈ etwas passt nicht, hat keinen Stil
übertreiben ≈ etwas größer/kleiner ... machen, als es ist
vorkommen ≈ da sein, erscheinen

Weißt du's noch? S. 78
weil, denn, deshalb

A3 Man übertreibt ...

Findet Themen für weitere Sketche und schreibt Sätze.

... ist/sind dumm/sportlich/höflich aktiv/intelligent/tolerant ...
... spricht leise/weint oft/fährt schnell/lacht oft ...

Der Koch in der Schulmensa ist ziemlich unfreundlich. Die Komikerin spielt ihn noch unfreundlicher als in der Realität. ...

Weißt du's noch? S. 77
Komparativ

B1 Witze AB 2–6

a Lies die Sätze aus dem Interview in A2a und beantworte die Frage: „Was war vorher passiert?" Ergänze die Sätze.

Böll: Zu einem Sketch habe ich einmal viel Kritik bekommen. Ich hatte ein Baby gespielt, das Zigaretten geraucht hat.

		Was war vorher passiert?
1	Frau Böll hat zu einem Sketch Kritik bekommen.	*Sie hatte ...*
2	Der Direktor hat sich beschwert.	*Frau Böll ...*

Böll: Bei einer Schulfeier hatte ich den Schuldirektor gespielt. Das hat ihm leider gar nicht gefallen.

Plusquamperfekt

vorher	← früher	← jetzt
Plusquamperfekt	**Perfekt oder Präteritum**	**Präsens**
Frau Böll **hatte** den Direktor **gespielt**. Der Direktor **war** auch beim Schulfest **gewesen**.	← Der Direktor beschwerte sich.	← ●
war, hatte + Partizip II		

b Lies die Witze (A–C). Welche Pointe (1–3) passt zu welchem Witz? Ordne zu.

1. „Wie bekomme ich jetzt das Zeug wieder aus den Ohren?"
2. „Kann ich es billiger bekommen, wenn ich verspreche, nicht aus dem Fenster zu schauen?"
3. „Aber Marks Schwester wohnt in Kanada."

A Herr Knauser war zehn Stunden im Zug gesessen. Am Bahnhof hatte er ein Taxi genommen und war zu einem kleinen Hotel am Meer gefahren. Dort fragte er nach einem billigen Zimmer. Der Mann an der Rezeption antwortete: „Wir haben nur noch ein Zimmer mit Meerblick, aber das kostet zehn Euro mehr pro Nacht." Herr Knauser fragte: (?)

B Der Lehrer hatte Mark früher nach Hause geschickt. Marks Mutter rief ihn an und wollte wissen, warum. „Mark hat erzählt, dass seine Schwester die Masern hat. Das ist sehr ansteckend", erklärte der Lehrer. „Ja schon", antwortete die Mutter. (?)

C Frau Berger war noch nie in ihrem Leben geflogen. Nachdem das Flugzeug gestartet war, verteilte die Stewardess an alle Passagiere Kaugummi. „Das ist gut für die Ohren", erklärte sie. Nach einer Stunde klingelte Frau Berger verzweifelt nach der Stewardess. „Bitte helfen Sie mir", bat sie. (?)

ℹ
- Zeug ≈ billige Sache, die stört
- Blick ≈ wohin ich schaue
- Masern ≈ eine Kinderkrankheit

ansteckend ≈ jmd. anderer kann die Krankheit auch bekommen

c Was war vorher passiert? Finde die Plusquamperfektformen in b und schreib Sätze.

A Er war ...

A Herr Knauser fragte nach einem Zimmer. *(im Urlaubsort ankommen, ein Taxi nehmen, zu einem Hotel fahren)*
B Marks Mutter rief den Lehrer an. *(früher nach Hause schicken)*
C Frau Berger bekam im Flugzeug einen Kaugummi. *(noch nie in ihrem Leben fliegen, das Flugzeug starten)*

d Schreib die Sätze A, B und C in c mit *nachdem*.

Nachdem Herr Knauser ...

Nebensatz mit nachdem

vorher Herr Knauser war in seinem Urlaubsort angekommen. nachher Er suchte ein Zimmer.

Nachdem Herr Knauser in seinem Urlaubsort **angekommen war**, **suchte** er ein Zimmer.
nachdem + Plusquamperfekt — Präteritum oder Perfekt

Nachdem Herr Knauser in seinem Urlaubsort **angekommen ist**, **sucht** er ein Zimmer.
nachdem + Perfekt oder Präteritum — Präsens

B2 Memes: Humor im Internet AB 7–9

a **Seht euch die Memes an. Lest die Satzteile, verbindet sie und ordnet jedem Meme zwei Sätze zu. Vergleicht dann in der Klasse.**

1 Nachdem Emil den leeren Rucksack gesehen hatte, …
2 Nachdem die Katze den offenen Rucksack gesehen hatte, …
3 Nachdem Fernando über Max gelacht hatte, …
4 Nachdem seine Stimme weg war, …
5 Nachdem Max die Boxenstraße verlassen hatte, …
6 Nachdem Lena ihren Goldfisch zum Pool gebracht hatte, …
7 Nachdem Jana etwas Lebendiges an ihrem Rücken spürte, …
8 Nachdem Herr Schulze das leere Goldfischglas sah, …

A versteckte er sich in der Außentasche.
B wollte sie ihn dort freilassen.
C öffnet sie den Reißverschluss.
D sah er Fernando nicht.
E setzte er sich auf den Boden.
F konnte dieser sich nicht mehr auf das Rennen konzentrieren.
G fragt er Lena nach Goldi.
H steht er auf und geht nach Hause.

1

2

3

4

b **Wählt Aufgabe 1 oder 2 und bereitet Übungen für die anderen in der Klasse vor.**

1 Sucht einen oder mehrere Witze, die ihr den anderen erzählen wollt. Schreibt jeden Witz auf zwei Blatt Papier. Auf einem Blatt steht der Witz, auf dem anderen die Pointe. Die anderen ordnen die richtigen Pointen zu.
2 Sucht Bilder und erfindet Memes. Schneidet Papierstreifen aus oder erstellt Textfelder. Die anderen ordnen die Textfelder den richtigen Memes zu.

c **Stellt euch vor, ihr sollt einen Witz oder ein Meme in B1 oder B2 zeichnen. Beschreibt eure Zeichnung, euer Partner / eure Partnerin errät den Witz oder das Meme.** S. 68

Weißt du's noch? S. 76–77
Präpositionen

In der Mitte sieht man einen Mann. Der Mann sitzt …

Das ist … Der Mann ist im Wald.

C1 Lachen und Weinen AB 10–13

Manchmal gibt es Personen, die negativ auf meine Sketche reagieren. Sie **fühlen** sich **beleidigt**.

a Lest die Ausschnitte aus Erzählungen. Welche Gefühle verbindet ihr mit den Situationen? Zeichnet Smileys.

negativ · neutral · positiv

1. Nachdem sie ihn verlassen hatte, saß er ganz allein in seiner Wohnung … (?)
2. Als er nach Hause kam, war alles dunkel. „Alles Gute zum Geburtstag", hörte er plötzlich, und das Licht ging an. … (?)
3. Kaum hatte er sein kaputtes Auto gesehen, brüllte er: „Wer war das? Wer hat das gemacht?" … (?)
4. Immer wieder schauten die Eltern auf die Uhr. Jetzt war es Mitternacht und ihre Kinder Mark und Silvia waren immer noch nicht zu Hause … (?)
5. Er hatte noch gar nicht angefangen, den Witz zu erzählen, da lachten schon alle … (?)
6. Mit Tränen in den Augen erzählten sie ihre Geschichte. Sie hatten alles verloren: Ihre Wohnung war zerstört … (?)
7. „Immer erzählst du mir, dass Simon alles besser konnte und alles besser wusste als ich. Kannst du Simon nicht vergessen?" … (?)

b Ordne die Wörter den Situationen in a zu. Hör dann die Texte und vergleiche. 1/07

(A) • Überraschung ★ (B) • Zorn ★ (C) • Einsamkeit ★ (D) • Komik ★
(E) • Sorge ★ (F) • Eifersucht ★ (G) • Verzweiflung

c Finde die Adjektive zu den Nomen in b. Notiere die Paare.

eifersüchtig ★ einsam ★ zornig ★ • Zufriedenheit ★ • Langeweile ★ • Kind ★ zufrieden ★ verzweifelt ★ besorgt ★ durstig ★ gesund ★ traurig ★ • Glück ★ ~~überrascht~~ ★ • Gesundheit ★ kindisch ★ • Hunger ★ glücklich ★ komisch ★ • Trauer ★ wütend ★ hungrig ★ • Durst ★ • Wut ★ langweilig

Nomen	Adjektiv
die Überraschung	überrascht
…	…

d Bilde neun weitere Nomen-Adjektivpaare aus den Wörtern in c und ergänze deine Tabelle.

e Lest die zwei Infokästen und sammelt Beispiele aus dem Kasten in c.

-ig: die Trauer → traurig
(?)
-lich: (?)
-isch: (?)

-ig, *-lich*, *-isch* machen aus Nomen **Adjektive**.

-heit: • zufrieden → die Zufriedenheit
(?)
-keit: • (?)
-ung: • (?)

-heit, *-keit* und *-ung* machen aus Verben und Adjektiven **Nomen**. Diese Nomen sind immer • feminin.

C2 Assoziationsspiel

a Jana hat zu den Monaten Nomen aus C1 notiert. Warum assoziiert sie die Wörter mit den Monaten? Hör ihre Erklärungen und mach Notizen. Vergleicht in der Klasse. 1/08

April	Hunger und Durst
Mai	Eifersucht
Juni	
Juli	Langeweile
August	Überraschung
September	

Erklärung April: Volleyball-Trainingscamp, jeden Tag fünf Stunden Training

b Schreibt sechs Monate auf und schreibt mindestens fünf Nomen aus C1 dazu. Erklärt eurer Partnerin / eurem Partner eure Assoziationen.

Urlaub ★ Sport ★ Medien ★ Kino ★ Einkaufen ★ Schule ★ Freunde ★ Familie ★ Tiere ★ …

Warum steht das Wort „Komik" beim Monat September?

Ich habe mit Freunden die Comedy-Serie …

D1 Wie bitte? AB 14–16

a **Probleme beim Verstehen. Hör den Anfang des Gesprächs. Warum kann Paula nicht verstehen, was Elisa sagt?** 1/09

b **Paula fragt nach. Was sagt Paula? Ergänze.**

(A) Paula versteht Elisa nicht: Tut mir leid, Elisa, i? h? d? n? v?.

(B) Paula bittet um Wiederholung: Ich verstehe gar nichts, k? d? d? n? ei? s??

(C) Paula will wissen, ob sie richtig verstanden hat: Hast du mich gefragt, o? i? i? k??

c **Lies die Sätze. Welche Sätze passen zu A, B und C in b?**

1 (A) Den letzten Satz habe ich nicht verstanden.
2 (?) Könntest du das noch einmal und etwas langsamer sagen?
3 (?) Ich verstehe dich nicht. Könntest du etwas deutlicher sprechen?
4 (?) Wie bitte? Könntest du etwas langsamer sprechen?
5 (?) Bedeutet das, dass …?
6 (?) Könntest du das wiederholen?
7 (?) Meinst du, dass …?

deutlich ≈ klar

d **Partnerin/Partner A liest einen Witz aus B1 auf Seite 18 sehr schnell und undeutlich vor. Partnerin/Partner B fragt nach. Benutzt dazu die Sätze in b und c.**

schadenfroh sein (● Schadenfreude) ≈ sich freuen oder lachen, wenn jmdm. etwas Negatives passiert ist

D2 Schadenfreude AB 17

a **Sieh die Fotos an und beantworte die Fragen.**

1 Warum lachen die Mädchen wohl?
2 Was ist wohl passiert?
3 Wer ist schadenfroh?

b **Hör den Dialog und vergleiche.** 1/10

c **Hör noch einmal und ergänze die Zusammenfassung mit den Satzteilen (A–G).** 1/10

Vor dem Film	Elisa und Jonas waren im Kino. 1 (D) wollte er Popcorn holen. Weil es schon spät war, 2 (?)
Im Kinosaal	Dort hat sie auf Jonas gewartet, 3 (?) Er war in den falschen Kinosaal gegangen. Nachdem Jonas aus dem falschen Saal gegangen war, 4 (?) Er hatte sie verloren. Deshalb 5 (?)
Nach dem Film	6 (?) wollte Jonas so schnell wie möglich zu Elisa laufen. Dabei ist er gegen die Glastür des Kinocafés gerannt. 7 (?) weil Jonas' Nase gebrochen war.

(A) ist Elisa schon in den Kinosaal gegangen.
(B) hat er im Kinocafé auf Elisa gewartet.
(C) aber Jonas ist nicht gekommen.
(D) ~~Nachdem Jonas zwei Karten gekauft hatte,~~
(E) Elisa und Jonas mussten ins Krankenhaus fahren,
(F) bemerkte er, dass seine Kinokarte verschwunden war.
(G) Als der Film aus war,

bemerken ≈ etwas sehen oder hören
gemein ≈ böse

d **Sprecht in der Klasse über die Fragen.**

1 Warum findet Elisa, dass Paula schadenfroh ist?
2 Warum erzählt Paula diesen Witz?
3 Welche Internet-Kurzvideos findet ihr witzig? Erzählt.
In meinem Lieblingsvideo sieht man … Es gibt …
Er/Sie … Und dann … Das finde ich sehr komisch.
4 Bei welchen Videos ist Schadenfreude wichtig? Erzählt davon.
Ich habe ein Video im Internet/auf … gesehen.
In dem Video fällt/springt/verletzt sich …
Viele finden das Video lustig, obwohl …

„Du bist aber ganz schön **schadenfroh**. Das ist richtig gemein."

„Gehen zwei Tomaten ins Kino. **Während** die eine Tomate …"

E1 Vorher, nachher oder gleichzeitig? AB 18–22

> **Während** ich zwei Nachrichten geschrieben habe, ... **Bevor** der Film anfing, ...

a Lies die Satzteile und ordne zu.

1. Während Elisa in den Kinosaal gegangen ist, (?)
2. Bevor Elisa in den Kinosaal gegangen ist, (?)
3. Nachdem Elisa in den Kinosaal gegangen war, (?)

- (A) hat sie auf Jonas gewartet.
- (B) hat Jonas Popcorn gekauft.
- (C) hat sie zwei Nachrichten geschrieben.

Nebensatz mit während, bevor und nachdem

jetzt	jetzt
Während Elisa den Film **sieht**,	isst sie Popcorn.
nachher	jetzt
Bevor Elisa den Film **sieht**,	isst sie Popcorn.
vorher	jetzt
Nachdem Elisa den Film **gesehen hat**,	isst sie Popcorn.

b Pizzaparty. Sieh die Zeichnung an und ergänze die Sätze mit *während, nachdem* oder *bevor*. Was findest du komisch? Hör dann Arigonas Telefongespräch und vergleiche. 1/11

1. Lena riecht an der Dose mit dem Katzenfutter, (?) sie sie wieder in den Kühlschrank zurückstellt.
2. (?) Adrian sich geschnitten hat, kümmert sich Jana um ihn und bringt ihm ein Pflaster.
3. (?) Lukas den Orangensaft in die Gläser füllen kann, muss er sie aus dem Geschirrschrank holen.
4. (?) Tobias den Hund mit Chips füttern will, stiehlt die Katze den Schinken.
5. (?) Petra die Pizza in den Backofen schieben kann, will sie die Pizza noch würzen und sucht die Gewürze.
6. (?) alle in der Küche beschäftigt sind, telefoniert Arigona mit ihrem Freund.

c Zeigt die Wörter in der Zeichnung. Hört noch einmal und vergleicht. 1/11

riechen ★ stehlen ★ • Gewürz ★ sich kümmern ★ • Schinken ★ • Geschirrschrank ★ füttern ★ bluten

d Fragt und antwortet wie im Beispiel.

> Was macht Tobias, während Lena ...

> Er ... Was macht ...?

e Wählt gemeinsam sechs Uhrzeiten und notiert, was ihr letztes Wochenende gemacht habt. Sprecht dann wie im Beispiel.

- ○ Am Sonntag habe ich um acht Uhr gefrühstückt.
- ◆ Während du gefrühstückt hast, habe ich noch geschlafen.
- ▼ Um 17:00 Uhr bin ich in die Stadt gefahren.
- ◘ Was hast du gemacht, bevor du in die Stadt gefahren bist?
- ▼ Ich ...

AB 23–25

1 Humor im Internet

a Lies und hör den Text. Kennst du ähnliche Internetvideos? 1/12

MIT VERSTECKTER KAMERA

(A) Frau Berger ist in einer Bäckerei und möchte ihre Einkäufe bezahlen. Während sie nach ihrem Geldbeutel sucht, nimmt der Verkäufer ein Brötchen aus ihrer Einkaufstüte und beginnt zu essen. Frau Berger protestiert energisch, doch der Mann meint: „Was wollen Sie? Ich bin hungrig, Sie haben sowieso zu viel Gebäck eingekauft." Wütend verlangt Frau Berger nach dem Chef. Doch dann erklärt ein junger Mann Frau Berger die Situation. Hinter der Kasse war eine Kamera versteckt und hat alles mitgefilmt. Sie muss lachen. Sie findet es sogar okay, dass man das Video wenig später im Internet sehen kann.

(B) Videos wie dieses sind sehr beliebt: Wir sehen Menschen, die in ihrem Alltag ungewöhnlichen Situationen begegnen. Während sie versuchen, mit diesen Situationen zurechtzukommen, werden sie gefilmt. So wie Frau Berger reagieren sehr viele Menschen zuerst wütend und empört. Nachdem sie aber bemerkt haben, dass die Situation nur gespielt ist, können sie lachen.

(C) „Lachen und Wut sind verwandte Gefühlsreaktionen", meinen die Verhaltensforscher. „Mit Lachen oder Wut reagieren wir auf Situationen, die uns überraschen. Wir zeigen die Zähne und sind bereit zu handeln. Sobald wir gesehen haben, dass die Situation für uns nicht gefährlich ist, entscheiden wir uns für das Lachen."

b Welche Frage passt zu welchem Textabschnitt in a? Beantworte die Fragen.

1 (?) Wie erklären Wissenschaftler unsere Reaktionen auf ungewöhnliche Situationen?
2 (?) Wie reagieren die meisten Menschen auf ungewöhnliche Situationen?
3 (?) Warum will sich Frau Berger beim Chef beschweren?

1 Wenn eine Situation uns überrascht, …

- Geldbeutel ≈ eine kleine Tasche für Geld
- Gebäck ≈ Brot, Brötchen, süße Backwaren, etc.

ungewöhnlich ≈ nicht normal
begegnen ≈ treffen
handeln ≈ etwas tun

c Erzählt die Szene mit der versteckten Kamera noch einmal. Erzählt oder erfindet ähnliche Situationen. Macht Notizen wie im Beispiel.

• Becher

Kaffeeautomat, Geld einwerfen, Kaffeeautomat starten, Becher ist voll, Kaffeeautomat stoppt nicht, Kaffee läuft über …

2 Spaß

a Lies Davids Nachricht. Warum schreibt er dir? Was will er wissen?

David

Hallo …! Ich brauche deine Hilfe. Wir haben in der Schule ein Projekt zum Thema „Spaß" gestartet. Wir sollen herausfinden, wie sich Jugendliche in aller Welt amüsieren. Könntest du mir bitte ein paar Fragen beantworten: **1** Was bringt dich zum Lachen? **2** Hast du früher über andere Sachen gelacht als heute? **3** Was machst du, wenn du Spaß haben möchtest? **4** Seit wann und wie oft machst du das? **5** Wie wichtig ist es für dich, Spaß zu haben? Warum? Wenn dir noch etwas zu diesem Thema einfällt, schreib es bitte auch auf. Bitte schreib bald. Liebe Grüße David

b Beantworte Davids Nachricht.

AB 26–28

LL1 Fakten und Beispiele

a **Lies den Text. Was sind die Aufgaben der Nationalparks in den deutschsprachigen Ländern?**

> i
> • Schutz (schützen) ≈ negative Einflüsse verhindern
> sehenswert ≈ man sollte es sehen

Nationalparks

Während in den USA durchschnittlich 37 Menschen auf einem Quadratkilometer wohnen, sind es z. B. in Deutschland fast siebenmal so viele. Für Wildtiere gibt es in den deutschsprachigen Ländern daher immer weniger Lebensräume. Doch in den Nationalparks finden die Tiere Schutz. Die Nationalparks organisieren auch Wanderungen, Kurse und Vorträge, weil sie Touristen die sehenswerte Tier- und Pflanzenwelt näherbringen möchten.

b **Hört zu und ordnet zu. In welchen Nationalparks können welche Tiere beobachtet werden? Macht dann Dialoge wie im Beispiel.** 1/13

1 (?) Nationalparks Wattenmeer
2 (?) Nationalpark Vorpommern
3 (?) Nationalpark Neusiedler See
4 (?) Nationalpark im Engadin
5 (?) Walliser Alpen

A • Wolf (¨-e)

B • Steinadler (-)

C • Kranich (-e)

D • Seehund (-e)

E • Storch (¨-e)

○ Wohin kann man fahren, wenn man Kraniche sehen möchte?
□ Nach ... In den Nationalpark ...

○ Wo kann man ... beobachten?
□ Im Nationalpark ...

c **Hör noch einmal. Zu welchem Tier passt welche Frage? Finde die Antworten und die beiden Lösungswörter (zwei Wildtiere).** 1/13

ä = ae, ö = oe, ü = ue

1. Welche Tiere waren früher ein Problem für die Fischer? S(5) _(9) _ _ _(13) _ _(4) _
2. Welches Tier ist das Markenzeichen der Lufthansa? _ _ _ _ _(10) _(6) _(7)
3. Welches Tier ist das Symbol für eine ganze Region geworden? _ _ _ _ _(14) _(15)
4. 350 dieser Tiere leben heute in den Schweizer Alpen. Welche Tiere sind das? _(16) _ _ _(2) _(11) _ _ _(3) _ _
5. Welche Tiere sind aus Italien in ein deutschsprachiges Land eingewandert? _(1, 8) _ _ _(12) _ _

• _(1) _(2) _(3) _(4) S(5) _(6) _(7) _(8) _(9) _(10) _(11)

• _(12) _(13) _(14) _(15) _(16)

LL2 Und jetzt du!

Beantwortet die Fragen erst zu zweit und diskutiert dann in der Klasse.

1. In welchen Regionen gibt es in eurem Heimatland seltene Wildtiere? Gibt es Nationalparks und Zoos?
2. Wie wichtig ist Natur- und Tierschutz in eurem Heimatland, wie wichtig ist er für euch persönlich?

P1 Bereitet eure Tiergeschichte vor.

a **Sammelt Geschichten mit Tieren**

Denkt dabei an ...
- ein Märchen oder eine Sage rund um ein Tier. (Die drei Schweinchen, Rotkäppchen ...)
- eine Geschichte aus den Medien, z. B. in Online-Nachrichten oder Zeitungen. (Bruno, der „Problembär" ...)
- eine Geschichte, die ihr selbst erlebt habt. (Meine Begegnung mit der Schlange „Sissi" ...)

b **Wählt eine Geschichte aus und bereitet eure Erzählung vor.**

1 Teilt eure Geschichte in Abschnitte auf. Jedes Gruppenmitglied soll einen Abschnitt erzählen.
2 Bereitet euren Abschnitt so vor, dass ihr ihn erzählen könnt. Macht Notizen.

Wir möchten euch heute die Geschichte von ... erzählen.
In unserer Geschichte geht es um ...
Die Geschichte ist ein Märchen / ist wirklich passiert / hat ... erlebt.
Es war einmal ... / Vor einigen Jahren ...
Ich fuhr/ging/machte ... Urlaub .... Ich sah/fand/traf ... Der Hund / Die Katze ...
Dann / Danach / Wenig später ...

3 Sammelt sechs bis acht Bilder, die zu eurer Geschichte passen und baut sie in die Präsentation ein.

Hier seht ihr, woher Bruno gekommen ist und wohin er gewandert ist.
Auf diesem Bild seht ihr, wie Bruno Honig stiehlt.
Dieses Bild zeigt ...
Das ist unser letztes Bild. Hier seht ihr ...

4 Übt eure Präsentation mehrere Male gemeinsam.

P2 Präsentiert eure Geschichte.

Erzählt eure Tiergeschichte in der Klasse und präsentiert dabei eure Bilder als digitale Präsentation oder auf einem Plakat.

FILM
Schau den Film **Fremde Sprachen – Dialekte** an und lös die Aufgaben auf Seite 70.

FINDE DIE Sprechblasen-Sätze IN DEN LEKTIONEN 25 UND 26.

G1 Verb

a Präteritum

	Präteritum mit -t-	Modalverben	Mischverben	Besondere Verben
er, es, sie, man	benutzte …	wollte … stehen bleiben	dachte	fuhr
	lernte	konnte … sagen	rannte	sah
	antwortete	musste … leben	wusste	half
	…	…	…	wurde …

Washoe **wusste**, dass sie ein Baby **bekam**.

S. 11

b Gebrauch Präteritum und Perfekt

Perfekt = in Gesprächen, in persönlichen Briefen, E-Mails, Nachrichten usw.

Ich **bin** durch den Stadtpark **gefahren**.
Ich **habe** zwei Frauen neben dem Radweg **gesehen**.

haben, *sein* und Modalverben stehen auch in Gesprächen, persönlichen Briefen usw. meist im Präteritum:

Ich **hatte** keine Zeit.
Ich **war** auf dem Weg in die Schule.
Ich **wollte** nicht stehen bleiben.

Toni **hat gesagt**, dass er auf dem Radweg **gefahren ist**.

Präteritum = in Berichten, in den Nachrichten, in Büchern usw.

Toni **fuhr** durch den Stadtpark. Er **benutzte** den Radweg. Zwei Frauen **standen** neben dem Radweg.

S. 14

c Plusquamperfekt

vorher	← früher	← jetzt
Plusquamperfekt	**Perfekt oder Präteritum**	**Präsens**
Alex **war** kurz aus der Küche **gegangen**. Der Hund **hatte** die Torte **gefressen**.	Da hat der Hund die Torte gefressen. Alex war wütend.	

war / **hatte** + Partizip II

Bei einer Schulfeier **hatte** ich den Schuldirektor **gespielt**. Das hat ihm leider gar nicht gefallen.

S. 18

G2 Satz

a Temporale Nebensätze mit *als* und *(immer) wenn*

Als ich klein **war**, fuhren wir oft ans Meer.

als + Nebensatz = eine Handlung, die einmal passiert, ein Zeitpunkt • oder eine Zeitspanne ⟼ in der Vergangenheit

Immer wenn wir am Meer **waren**, fühlte ich mich wohl.

(immer) wenn + Nebensatz = eine Handlung, die öfters passiert (in der Vergangenheit oder in der Gegenwart)

Die Schimpansin Washoe war ungefähr ein halbes Jahr alt, **als** sie in die USA **kam**.

S. 11

b Temporale Nebensätze mit *während*, *bevor* und *nachdem*

jetzt — jetzt
Während Max sein Zimmer **aufräumt**, hört er Musik.

nachher — jetzt
Bevor Max sein Zimmer **aufräumt**, hört er Musik.

vorher — jetzt
Nachdem Max sein Zimmer **aufgeräumt hat**, hört er Musik.

vorher — nachher
Nachdem Max sein Zimmer **aufgeräumt hatte**, hörte er Musik.

Während Elisa in den Kinosaal gegangen ist, hat Jonas Popcorn gekauft.

S. 18, 22

25+26 REDEMITTEL

etwas erzählen L25, S. 9

Einmal bin/habe ich ...
Er/Sie hat/ist ...
Das weiß ich noch gut.
Das war wirklich schön/interessant/schrecklich/gefährlich/besonders ...

über etwas berichten L25, S. 14

Am Samstag fuhr ich um 17:30 Uhr mit meinem Fahrrad nach Hause.
Neben dem Radweg standen ...
Plötzlich lief ein Hund ...

über Gefühle sprechen L25, S. 12

Das Gespräch war angenehm/unangenehm.
Ich habe mich gut/nicht so gut/schlecht gefühlt/sehr wohlgefühlt.
Ich fand gut/schlecht, dass ...
Das hat mich gestört./Das war mir egal./Das hat mich nervös gemacht.

begrüßen (nach längerer Zeit) L25, S. 13

- ○ Hallo, lange nicht gesehen.
- ◆ Bist du wieder in ...?

etwas bewerten L25, S. 13

- ◻ Sieht ganz so aus, oder?
- ◆ Wäre doch möglich.
- ○ Das wär' nichts für mich.
- ▼ Klingt gut.

Situationen beschreiben L26, S. 18, 19

Nachdem Lena ihren Goldfisch zum Pool gebracht hatte, wollte sie ihn dort freilassen.

etwas nicht verstehen und nachfragen L26, S. 21

Tut mir leid, ich habe dich nicht verstanden.
Könntest du das wiederholen / noch einmal sagen?
Wie bitte? Könntest du etwas deutlicher/langsamer sprechen?
Den letzten Satz habe ich nicht verstanden.
Hast du mich gefragt, ob ich ...?
Bedeutet das, dass ...
Meinst du, dass ...?

über Personen sprechen L26, S. 21

- ○ Hast du schon die Geschichte mit Jonas gehört?
- ◆ Was ist denn mit dem?
- ◆ Na ja, nicht gerade mein Geschmack.
- ◆ Das ist richtig gemein.
- ○ Aber pass auf, ... die Geschichte ist noch nicht aus.

Ich weiß, woran du denkst …

A

B

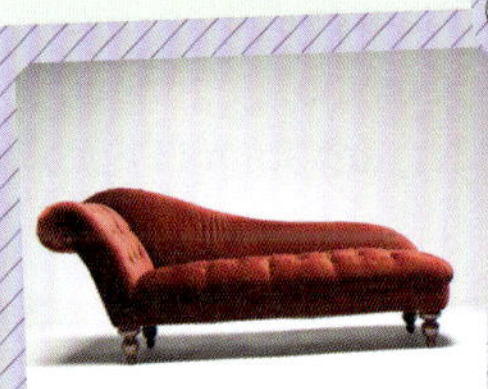

C

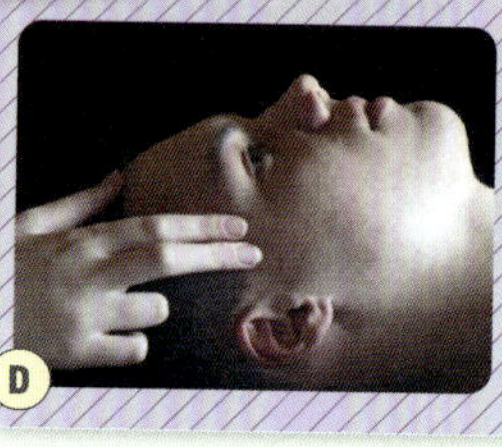

D

1 • Mentalist – Manuel Horeth

2 • Zauberkünstler

3 • Psychotherapeutin

4 • Wahrsagerin

geistig ≈ nur im Kopf (mental, mithilfe von Ideen und Gedanken)
• Fähigkeit ≈ das, was jmd. kann
verraten ≈ jmdm. etwas sagen, was diese Person nicht wissen soll oder darf
• Zukunft ≈ die Zeit, die noch vor uns liegt
• Vorstellung ≈ eine Präsentation vor vielen Zuschauern, z. B. im Theater, im Zirkus, in der Oper usw.
etwas *verschwindet* ≈ man kann es nicht mehr sehen

A1 Übernatürliche Fähigkeiten?

a **Welche Fotos passen zusammen? Finde vier Paare.**

b **Ergänze die Sätze und ordne die Fotos (1–4) aus a zu.**

Zauberkünstler ★ Wahrsager ★ Mentalisten ★ Psychologen oder Psychotherapeuten

a [?] überraschen ihr Publikum allein mit ihren geistigen Fähigkeiten. (?)
b [?] verraten ihren Kunden die Zukunft. (?)
c [?] zeigen in ihren Vorstellungen Kartentricks oder lassen Gegenstände verschwinden. (?)
d [?] arbeiten mit psychologischen Methoden. (?)

c **Was meint ihr? Wer arbeitet mit Tricks? Wer verwendet „ehrliche" Methoden? Ergänzt die Tabelle und sprecht in der Klasse.**

arbeitet mit Tricks	arbeitet mit „ehrlichen" Methoden
Zauberkünstler	

Wir denken, dass Zauberkünstler …

d **Lies die Kommentare zu einem Internetvideo. Was ist das Thema?**

puma ... Super Video!! Ich mag Mentalisten. 🙂 Der Mann hat echt übernatürliche Fähigkeiten.
Di Fu Ich hab da meine Zweifel. Das sind alles bloß Tricks.
puma Wenn du so sicher bist, verrate uns doch einen.
Di Fu Ich glaub, er arbeitet mit „Cold Reading".
puma Was ist das denn schon wieder? Sei ehrlich: Du hast in Wirklichkeit keine Ahnung!

ehrlich ≈ wenn man die Wahrheit sagt
verwenden ≈ benutzen
• Zweifel haben, zweifeln an ≈ nicht sicher sein

e **Was meinst du? Was ist „Cold Reading"?**

1 (?) Der Mentalist achtet auf die Körpersprache seiner Gesprächspartner. Mit diesen Informationen lenkt und beeinflusst er dann die Reaktionen des Partners oder der Partnerin.
2 (?) Der Mentalist liest die Gedanken seiner Gesprächspartner.

achten auf ≈ genau zusehen oder zuhören
beeinflussen ≈ machen, dass jmd. das tut, was man will

TÄUSCHUNGSKÜNSTLER

Sie sind keine Magier oder Zauberkünstler. Sie lassen keine Gegenstände verschwinden und brauchen keine Kartentricks zu zeigen wie ihre Kollegen. Sie überraschen und begeistern ihr Publikum allein mit ihren geistigen Fähigkeiten und nennen sich deshalb „Mentalisten".

Manuel Horeth, ein Mentalist aus Österreich, behauptet: „Was ich kann, kann jeder von uns lernen. In jedem von uns steckt ein Mentalist."

Manchmal verrät er sogar einen seiner Tricks: In einer Fernsehshow forderte er das Publikum auf, an einen Gegenstand zu denken und ihn auf ein Blatt Papier zu zeichnen. Mühelos erriet Horeth danach, woran seine Zuschauer gedacht hatten: Es war eine Zahnbürste. Um die Gedanken seiner Zuschauer zu beeinflussen, hatte Horeth vor der Vorstellung am Eingang Bilder von Zahnbürsten aufgehängt. Beim Zeichnen hatten die meisten Menschen im Publikum sich unbewusst an diese Bilder erinnert.

Manchmal riskieren Mentalisten sogar ihr eigenes Leben: In einer seiner Shows sprang Horeth mit einem Bungeeseil von einem zwanzig Meter hohen Turm. Davor hatte er sich mit einer Kandidatin unterhalten und ihr zwei Seile gezeigt. Ein Seil hatte die richtige Länge. Ein Seil war aber zu lang, sodass Horeth den Sprung nicht unverletzt überstehen konnte.

Horeth forderte seine Kandidatin auf, ein Seil auszusuchen. Sie sollte dabei nicht lange über ihre Entscheidung nachdenken, sondern einfach auf ihre innere Stimme hören. Die Kandidatin hatte große Angst davor, das falsche Seil zu wählen. Immer wieder wollte sie Horeth daran hindern zu springen. Doch dieser zweifelte nicht an ihrer Entscheidung, sprang und blieb unverletzt.

Bei ihren Vorstellungen vertrauen Mentalisten meist auf eine psychologische Technik, die „Cold Reading" genannt wird. Dabei achtet der Mentalist auf viele verschiedene Kleinigkeiten, während er sich mit seinen Kandidaten unterhält, wie zum Beispiel die Intonation, die Körpersprache, die Mimik oder den Atemrhythmus. Diese Informationen verwendet der Mentalist, um dann mit intelligenten Fragen die Antworten der Kandidaten zu lenken. Auf diese Weise hat Horeth wahrscheinlich auch seine Kandidatin zur richtigen Antwort geführt.

Einige Mentalisten haben manchmal aber das Gefühl, dass ihre psychologischen Fähigkeiten nicht ausreichen, um ihr Publikum zu begeistern. Dann greifen sie auch zu einfacheren Tricks: Sie sammeln vor der Vorstellung Informationen über ihre Kandidaten, setzen Helfer ein oder arbeiten mit versteckten Kameras.

Manuel Horeth erklärt ganz offen und ehrlich: „Ich täusche die Menschen mit Worten und mit der Macht der Psychologie. Ich bin ein Täuschungskünstler."

Mentalist Manuel Horeth mit weiblicher Testperson

auffordern ≈ jmdn. bitten, etwas zu tun
mühelos ≈ ohne harte Arbeit, ganz leicht
● Mühe ≈ harte Arbeit
hindern an ≈ jmdn. etwas nicht tun lassen
● Macht ≈ Möglichkeit und Fähigkeit, etwas zu tun

A2 Wie arbeitet ein Mentalist? AB 1

a **Lies und hör den Text. Ist deine Vermutung in A1e richtig?** 1/14

b **Lies noch einmal. Was ist richtig?**

1 (?) Mentalisten zeigen Kartentricks und lassen Gegenstände verschwinden.
2 (?) Manuel Horeth meint, jeder kann ein Mentalist werden.
3 (?) Der Mentalist konnte nicht erraten, was die Zuschauer gezeichnet hatten.
4 (?) Die meisten Zuschauer im Publikum zeichneten etwas, was sie vorher gesehen hatten.
5 (?) Eine Kandidatin musste für Horeth ein Bungeeseil aussuchen.
6 (?) Die Kandidatin wollte nicht, dass Horeth sprang.
7 (?) Beim „Cold Reading" arbeitet der Mentalist immer mit einem Helfer zusammen.
8 (?) Alle Mentalisten vertrauen allein auf ihre mentalen Fähigkeiten.

c **Lies die Fragen und mach Notizen. Diskutiert dann in der Klasse.**

Welche Tricks von Magiern, Wahrsagern oder Mentalisten kennt ihr?
Sucht auch Videos im Internet. Wie funktionieren diese Tricks vielleicht?

B1 „Cold Reading" AB 2–3

a **Ergänze die Sätze mit den richtigen Verben und Präpositionen. Zu welchem Textabschnitt (A–D) in A2a gehören die Sätze?**

~~überraschen mit~~ Dat. ★ erinnern an Akk. ★ hat Angst vor Dat. ★ denken an Akk. ★ nachdenken über Akk. ★ unterhalten mit Dat. ★ zweifelt an Dat. ★ hören auf Akk. ★ hindern am Dat. ★ arbeiten mit Dat. ★ achten auf Akk.

(A) Mentalisten und Zauberkünstler (Zeile 1–9)
(B) Ein Trick wird verraten (Zeile 10–19)
(C) Der Bungeesprung (Zeile 20–37)
(D) Mentalisten und ihre Techniken (Zeile 38–59)

1 (A) Mentalisten *überraschen* ihr Publikum *mit* ihren geistigen Fähigkeiten.
2 (?) Das Publikum soll (?) einen Gegenstand (?).
3 (?) Er (?) nicht (?) ihr und springt.
4 (?) Die Kandidatin soll nicht zu lange (?) ihre Entscheidung (?), sondern (?) ihre innere Stimme (?).
5 (?) Manchmal (?) Mentalisten (?) ganz einfachen Tricks.
6 (?) Die meisten (?) sich (?) die Bilder am Eingang.
7 (?) Mentalisten (?) sich (?) ihren Kandidaten und (?) (?) ihre Körpersprache.
8 (?) Sie (?) (?) (?) der Entscheidung und will den Mentalisten (?) Sprung (?).

b **Schreib mit den Satzanfängen sechs persönliche Sätze. Ein Satz soll eine Lüge sein. Macht dann ein Partnerinterview. Welche Antwort ist wohl die Lüge? Achtet auf die Körpersprache.**

Mühelos erriet Horeth, **woran** seine Zuschauer gedacht hatten.

1 Ich denke oft an Akk. (?)
2 Ich interessiere mich für Akk. (?)
3 Ich habe Angst vor Dat. (?)
4 Ich freue mich auf Akk. (?)
5 Ich habe oft Lust auf Akk. (?)
6 Ich träume oft von Dat. (?)

Woran denkst du oft?

An Schokoladeneis.

denken **an** → **Wo'ran** denkst du oft?
sich interessieren **für** → **wofür**
sich freuen **auf** → **wo'rauf**

c **Schreib Fragen mit *wo-* oder Fragen mit *wen/wem* zu den Sätzen in a.**

Womit überraschen Mentalisten ihr Publikum?
An wem zweifelt ...?

! Bei Personen:
Ich denke oft **an** meine Cousine. → **An wen** denkst du oft?
sich interessieren **für** → **für wen**, arbeiten **mit** → **mit wem** ...

B2 Berühmte Experimente aus der Psychologie AB 4–11

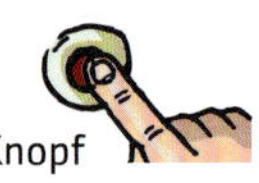
• Knopf

a **Lies die Texte (A,B) und finde für jeden Text die passende Überschrift (1–4).**

(1) Wir glauben lieber an komplizierte Erklärungen als an einfache.
(2) Wenn man eine Wette nicht gewinnen will, verliert man sie ganz sicher.
(3) Computer führen uns meist zu falschen Lösungen.
(4) Wenn man an etwas nicht denken will, dann denkt man noch öfter daran.

• Resultat ≈ Lösung
überzeugen von ≈ jmdm. etwas so erklären, dass diese Person die Erklärung richtig findet

(A) (?)
Der britische Mentalist Derren Brown wettet, dass seine Kandidatin es nicht schafft, folgendes Verbot einzuhalten: Sie darf fünfzehn Minuten lang nicht auf den roten Knopf in der Mitte des Zimmers drücken. Das Zimmer darf sie in dieser Zeit nicht verlassen. Die Frau ist **1** damit einverstanden. Während sie wartet, möchte sie Derrens Verbot am liebsten vergessen. Doch immer wieder muss sie **2** daran denken. Der Wunsch, auf den Knopf zu drücken, wird immer stärker. Schließlich tut sie es. Derren Brown hat seine Wette gewonnen. *(Ironische Prozesse)*

(B) (?)
Zwei Gruppen sollen eine Lernaufgabe lösen. Ein Computer gibt ihnen **3** dabei Tipps und führt sie zu einer Lösung. Die eine Gruppe bekommt vom Computer das richtige Resultat, das sehr einfach ist. Die andere Gruppe wird vom Computer zu einer sehr komplizierten Lösung geführt. Diese Lösung ist aber falsch. Nach der Lernphase vergleichen die Gruppen ihre Lösungen. Dabei kann die Gruppe mit den falschen Resultaten die andere Gruppe **4** davon überzeugen, dass ihre Lösung richtig ist. Schließlich glauben alle **5** daran, dass die komplizierte, aber falsche Lösung richtig ist. *(Bavelas-Experiment)*

b **Lies die Texte noch einmal. Welche Sätze (A–E) passen zu den Pronomen (1–5) aus den Texten? Ordne zu.**

1 Die Frau ist damit (= ?) einverstanden.
2 Immer wieder muss sie daran (= ?) denken.
3 Ein Computer gibt ihnen dabei (= ?) Tipps.
4 Eine Gruppe kann die andere davon (= C) überzeugen.
5 Am Ende glauben alle daran (= ?).

A Beim Lösen der Lernaufgabe.
B Dass die falsche Lösung richtig ist.
C ~~Dass ihre komplizierte Lösung richtig ist.~~
D Mit der Wette.
E An das Verbot.

Dabei (= **beim** „Cold Reading") achtet der Mentalist auf die Körpersprache. *Ebenso*: **da-r-an**, **dafür**, **davor** …

c **Lies noch einen Text (C) und finde wieder die passende Überschrift.**

1 In einer großen Gruppe übernimmt der Einzelne weniger Verantwortung.
2 Wenn viele Menschen bei einem Unfall in der Nähe sind, kommt sehr schnell Hilfe.

- Verantwortung übernehmen ≈ sagen, dass man eine Aufgabe übernehmen will

C ?

Situation 1: Ein alter Mann stürzt auf der Straße und bleibt am Boden liegen. Mindestens dreißig Menschen sind in der Nähe und haben gesehen, wie der Mann gestürzt ist. Trotzdem dauert es zehn Minuten, bis eine ältere Frau mit ihm spricht und ihm hilft.
Situation 2: Es ist zehn Minuten nach Badeschluss. Das Stadtbad ist leer. Zwei Jugendliche stehen am Ausgang und wollen das Bad gerade verlassen. Da sehen sie eine Frau, die auf der Terrasse des Restaurants stürzt. Sofort laufen sie zu ihr und kümmern sich um sie. *(Verantwortungsdiffusion)*

d **Zu welchen Texten (A–C) passen die Situationen (1–3)? Findet weitere dazu passende Situationen.**

1 Die Lehrerin fragt die Klasse, wer bei der Vorbereitung des Schulfestes mithelfen kann. Niemand meldet sich. Nach der Stunde fragt sie Mark und Sabrina alleine. Beide helfen gern. **Text** ?
2 Ein Wissenschaftler erklärt in einem Werbespot eine chemische Formel für eine neue Zahncreme. Obwohl Frau Huber die Erklärung nicht verstanden hat, kauft sie die Zahncreme. **Text** ?
3 Dominik beschließt, keine Schokolade mehr zu essen. Den ganzen Tag denkt er nur an Schokolade. **Text** ?

Ich habe eine ähnliche Erfahrung gemacht: …
Bei meinen Freunden …
Einmal bin/habe ich …

e **Wer ist wer? Was ist was? Fragt nach den unterstrichenen Pronomen und antwortet.**

Text A:	Text B:	Text C:
1 <u>Sie</u> ist <u>damit</u> einverstanden.	3 <u>Er</u> hilft ihnen <u>dabei</u>.	5 <u>Sie</u> laufen <u>zu ihr</u>.
2 <u>Sie</u> muss immer <u>daran</u> denken.	4 <u>Sie</u> glauben <u>daran</u>.	6 <u>Sie</u> kümmern sich <u>um sie</u>.

○ Wer ist damit einverstanden? □ Die Frau im Deren-Brown-Experiment. ○ Und womit ist sie einverstanden? …

f **Sammelt in B1 und B2 Verben zu den Präpositionen.**

? vor	? mit	? an
? über	? um	? zu
? von	? für	? auf

zweifeln an, denken an, …
nachdenken über, …
einverstanden sein mit, …

g **Schreib persönliche Sätze mit Pronomen wie in e. Deine Partnerin / Dein Partner fragt, du antwortest.**

Ich träume oft davon.
Sie kümmert sich um sie.
…

Wovon träumst du oft?
Vom Fliegen.
Wer kümmert sich um wen?
Meine Schwester kümmert sich um unsere Katze.

C1 Tricks und Psychotricks AB 12–16

a Was denkt ihr, ist für diese Personen wichtig? Schreibt Sätze und diskutiert.

Anna

Niko

Medizin studieren ★ gute Noten haben ★ gut aussehen ★ sportlich sein ★ viele Freunde haben ★ Spaß haben ★ im Lotto gewinnen ★ in einem Fitnessstudio arbeiten ★ ...

Annas Wunsch ist es, ...
Niko findet es wichtig, ...

Ich glaube, für Niko ist es wichtig, Spaß zu haben.

Weißt du's noch? S. 78
Infinitiv mit *zu*

b Hört zu und vergleicht eure Vermutungen. 1/15–16

c Hör noch einmal. Was machen Anna und Niko, um ihre Ziele zu erreichen? Ergänze die Namen und ordne zu. 1/15–16

Horeth hatte Bilder von Zahnbürsten aufgehängt, **um** die Gedanken seiner Zuschauer **zu beeinflussen**.

1 ? stellt sich vor, Ärztin zu sein, ...
2 ? nimmt Tabletten, ...
3 ? geht ins Fitnessstudio, ...
4 ? denkt an die letzte erfolgreiche Prüfung, ...

a **um** gut aus**zu**sehen.
b **um** wieder Lust aufs Lernen **zu** bekommen.
c **um** sicher **zu** sein, dass sie es schaffen kann.
d **um** fit **zu** bleiben.

um ... zu ...
Anna lernt viel, **um** gute Noten **zu** bekommen.
(= **weil** sie gute Noten bekommen **will**.)

d Was brauchen Mona und Connie nicht (mehr) zu tun? Ergänze die Sätze.

Sie **brauchen keine** Kartentricks **zu** zeigen wie ihre Kollegen.

~~an Noten denken~~ ★ mit ihm joggen gehen ★ keine Tests mitschreiben ★ über Fitnessregeln diskutieren ★ ...

1 Mona: Ich bin froh, dass ich meine Friseurlehre habe.
Ich brauche nicht mehr an Noten zu denken. ...
2 Connie: Ich bin froh, dass das mit Niko aus ist. Ich ...

brauchen + (nicht, kein, nie, nur ...) → **zu** + **Infinitiv**

C2 Und jetzt du!

PSYCHOLOGIE

a Was ist in eurem Leben wichtig? Was ist nicht wichtig? Macht zwei Listen und vergleicht.

gesund sein ★ mehr Sport treiben ★ die neuesten Filme/Serien sehen ★ nur Secondhandkleidung tragen ★ vegetarisch essen ★ in ... besser werden ★ Führerscheinprüfung bestehen ★ Geld verdienen ★ Erfolg im Sport ★ ...

wichtig	nicht wichtig
Erfolg im Sport haben, Spaß haben	gut essen, gute Noten bekommen

Für mich ist es wichtig, Erfolg im Sport zu haben.

Sport treiben ≈ Sport machen
eine Prüfung bestehen ≈ eine Prüfung schaffen

b Was tust du, um deine Ziele zu erreichen? Was ist für dich nicht wichtig? Was brauchst du deshalb nicht zu tun? Schreib Sätze und vergleiche in der Klasse. S. 68

Um Erfolg im Sport zu haben, ...
Es ist für mich nicht wichtig, gut zu essen. Deshalb ...

D1 Kommunikationsstrategien

a Ergänze den Dialog. Hör dann und vergleiche. 1/17

(A) Dann könnten wir doch mal gemeinsam Tennis spielen.
(B) ~~Ich habe gestern etwas Tolles ausprobiert. Aber du magst ja keinen Sport.~~
(C) Du magst sicher keine Ballsportarten.
(D) Ich habe mit Peter Tennis gespielt. Aber ich glaube, das ist nichts für dich.

abhängen von ≈ etwas passiert nur, wenn etwas anderes auch passiert
widersprechen ≈ erklären, dass die Meinung des anderen falsch ist

1 ○ (B) ◆ Das hängt davon ab. Erzähl doch mal.
2 ○ (?) ◆ Warum denn nicht? Vielleicht interessiert es mich doch.
3 ○ (?) ◆ Doch, Ballspiele mag ich.
4 ○ (?) ◆ Ja, warum nicht?

Strategie: Du möchtest, dass jemand etwas tut. Du erklärst der Person, dass sie das sicher **nicht** mag/kann/will ... Die Person widerspricht und macht schließlich das, was du willst. *(Kontrasuggestion)*

b Deine Partnerin / Dein Partner soll ... Wählt eine Situation und macht ähnliche Dialoge.

mit dir einen Liebesfilm streamen ★
dir mit Mathe helfen ★
dir ihr/sein Moped leihen ★
für dich babysitten ★ ...

..., aber das ist sicher nicht wichtig/interessant ... für dich
Na, dann könnten wir doch ...

Das kommt darauf an.
Im Gegenteil, ich ...
Doch, ich kann/mag/möchte gern ...

Du hast sicher keine Lust, ...

Das hängt davon ab.

D2 „Fuß-in-der-Tür" oder „Tür-ins-Gesicht"? AB 17–19

a Sieh die Fotos an. Was machen die Jungen für Sabrina? Hör den Dialog und vergleiche. 1/18

b Wer wollte was? Wer war erfolgreich? Hör noch einmal, ergänze die Namen und zeichne Smileys. 1/18

1 (M) und (T) wollten gemeinsam ins Kino gehen. ☹
2 (?) wollte mehr Zeit haben, um für die Fahrprüfung lernen zu können. (?)
3 (?) wollte, dass (?) ihre Tennisschüler übernimmt. (?)
4 (?) wollte etwas anderes für (?) tun, als Tennisstunden zu halten. (?)
5 (?) wollte, dass (?) ihr sein Moped leiht. (?)
6 (?) wollte, dass (?) sie auf seinem Moped mitnimmt. (?)
7 (?) wollte, dass (?) sie mit dem Moped fahren lässt. (?)

(M) Mark
(T) Tom
(S) Sabrina

☺ erfolgreich ☹ nicht erfolgreich

c Welche Strategien verwendet Sabrina bei Tom und Mark, um ihre Ziele zu erreichen? Ordne zu.

Bei Tom: Strategie (?) Bei Mark: Strategie (?)

(A) **Strategie:** Du bittest eine Person, etwas Einfaches für dich zu tun. Wenn sie deinen Wunsch erfüllt, bittest du sie, etwas Schwierigeres für dich zu tun. *(Fuß-in-der-Tür-Technik)*

(B) **Strategie:** Du bittest eine Person, etwas Schwieriges für dich zu tun. Wenn die Person ablehnt, bittest du sie, etwas Einfaches für dich zu tun. *(Tür-ins-Gesicht-Technik)*

einen Wunsch erfüllen ≈ machen, was jemand will
ablehnen ≈ etwas nicht machen wollen

d Kennt ihr noch andere Kommunikationsstrategien? Wie funktionieren sie? Sammelt in der Klasse.

E1 Alles für Sabrina ... AB 20–22

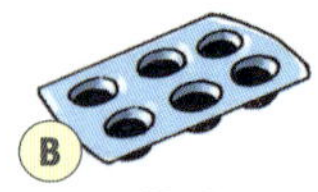

B • Muffinform

C • Fernglas

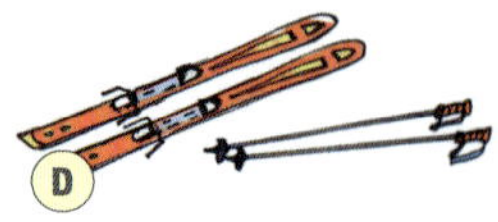

D

E

a **Ordne die Bilder zu, ergänze und schreib Sätze mit *um ... zu*.**

1 (A) Sabrina braucht ein Moped, um zur Fahrschule zu fahren. *(zur Fahrschule fahren)*
2 (?) Kia hätte gern (?), um ... *(Vögel beobachten können)*
3 (?) Maria hätte gern (?), (?) *(Muffins backen)*
4 (?) José würde gern (?) in Deutschland machen, (?) *(schnell Deutsch lernen)*
5 (?) Ulli und Gerald brauchen (?), (?) *(am Skitag teilnehmen)*

b **Schreib Sätze mit *damit* wie im Beispiel.**
Finde die Personen (X) in a, die fehlen.

> Ich babysitte für Sabrina, **damit** sie für die Führerscheinprüfung **lernen kann**.

1 Mark – (X) – Moped leihen (?)
2 Josés Eltern – (X) – zum Sprachkurs anmelden (?)
3 Die Schule – (X) – Skier leihen (?)
4 Carina – (X) – eine Backform schenken (?)
5 Max – (X) – Fernglas leihen (?)

1 Mark leiht Sabrina sein Moped, damit sie zur Fahrschule fahren kann.

Nebensatz mit *um ... zu* oder *damit*

Subjekt 1 **Sabrina** braucht ein Moped. Subjekt 2 **Sie** muss zur Fahrschule fahren. **um** zur Fahrschule **zu** fahren. **damit** sie zur Fahrschule **fahren kann**. ! Subjekt 1 = Subjekt 2 → um zu und damit	Subjekt 1 **Mark** leiht Sabrina sein Moped. Subjekt 2 **Sabrina** muss zur Fahrschule Fahren. **damit** sie zur Fahrschule **fahren kann**. ! Subjekt 1 ≠ Subjekt 2 → nur damit

E2 *statt ... zu* und *ohne ... zu* AB 23–26

a **Was machst du lieber? Zeichne Smileys 🙂 ☹ und schreib Sätze mit *statt ... zu* wie im Beispiel. Schreib auch zwei persönliche Sätze.**

> Ich würde auch lieber ins Kino gehen, **statt** mit einer Dreijährigen **zu** spielen.

1 Tom — mit einer Dreijährigen spielen ☹ — Kino gehen 🙂
Ich würde lieber ins Kino gehen, statt mit einer Dreijährigen zu spielen.
2 Silvia — auf Toms Geburtstagsparty gehen — Mathe lernen
3 Caro — immer mit dem Bus fahren — ein E-Bike haben
4 Christoph — am Meer sein — im Supermarkt arbeiten

Weißt du's noch? S. 76
Konjunktiv II (Wünsche)

b **Schreibt Ratschläge zu den Themen mit *ohne ... zu*. Findet auch weitere Ratschläge.**

> Du gehst babysitten, **ohne** eine Ahnung von Babys **zu** haben?

Straßenverkehr: über die Straße gehen – nach links und rechts schauen ★ nachts Rad fahren – Licht einschalten ★ ...
Sport: Skifahren – Handschuhe tragen ★ trainieren – sich aufwärmen ★ weit laufen – trinken ★ ...
Schule: Text abgeben – gut durchlesen ★ in den Unterricht kommen – Hausaufgaben haben ★ ...
Reisen: Urlaub fahren – ein Zimmer reservieren ★ ...
Freizeit: Party machen – mit den Nachbarn sprechen ★ ...

Du solltest nicht über die Straße gehen, ohne nach links und rechts zu schauen.

Weißt du's noch? S. 76
Konjunktiv II (Ratschläge)

AB 27–31

1 Mentaltrainer

a **Lies den Text. Wie bereiten sich Skispringer mental auf ihren Sprung vor? Sprecht dann in der Klasse.**

verhindern ≈ etwas tun, damit etwas anderes nicht geschieht

Der ideale Sprung ...

Bei einem idealen Sprung muss alles passen. Die Skispringer müssen topfit sein, aber sie müssen sich auch mental gut auf den Wettkampf vorbereitet haben. Die Skispringer vertrauen dabei auf die Fähigkeiten ihrer Mentaltrainer. Sie kümmern sich darum, dass nicht die Nervosität vor dem Sprung den Erfolg verhindert. Immer wieder stellen sich die Springer im Geist den idealen Sprung vor. Dabei denken sie intensiv an ihre letzten großen Erfolge. Die Springer müssen an sich glauben und Freude am Wettkampf haben. Dabei kann auch Musik helfen. Das österreichische Skisprungteam hat für den Wettkampf sogar einen eigenen Song aufgenommen. Er heißt „Jump Down Deep".

b **Lasst bei diesem Spiel den Text verschwinden. Stellt Fragen nach Satzteilen und Wörtern im Text. Nach jeder Frage streicht ihr die Antwort aus dem Text. Zählt eure Wörter. Wer mit seinen Fragen die meisten Wörter gelöscht hat, hat gewonnen. Am Schluss soll der ganze Text verschwunden sein.**

Der ideale Sprung ...
~~Bei einem idealen Sprung~~ muss ~~alles~~ passen. Die Skispringer müssen topfit sein, aber sie müssen sich auch mental gut auf den

- Wobei muss alles passen?
- Bei einem idealen Sprung. (= 4 Wörter)
- Was muss passen?
- alles (= 1 Wort)

Ihr könnt auch so fragen:
Wie heißt das erste Modalverb im Text?
muss (= 1 Wort)
Was ist der Infinitiv von *ist*?
sein (= 1 Wort)

2 Ich habe mich schon darauf gefreut ...

a **Joshi hat eine Nachricht von seinem Freund Manuel bekommen. Er hat sofort geantwortet. Lies Joshis Antwort und beantworte die Fragen.**

Joshi

Hallo Manuel, ich habe mich auch schon sehr auf deinen Besuch gefreut. Schade, dass du nächste Woche nicht nach München kommen kannst. Ich kann gut verstehen, dass du dich darüber ärgerst. Vor allem, weil dein Chef dir ja zuerst freigegeben hat und jetzt Probleme macht. Aber ärgere dich nicht zu sehr darüber. Mach dir auch keine Gedanken über die Eintrittskarten. Das Konzert war sowieso ausverkauft, und ich habe gar keine Karten mehr bekommen. Statt ins Konzert zu gehen, wollte ich mit dir ein Basketballspiel anschauen. Du hast ja geschrieben, dass du Basketball magst. Daraus wird jetzt leider nichts.
Du schreibst, dass du vielleicht im März kommen kannst. Sag mir bitte bald Bescheid, damit ich rechtzeitig etwas organisieren kann.
Vielleicht klappt es beim nächsten Mal.
Liebe Grüße, Joshi

1 Wohin wollte Manuel nächste Woche fahren?
2 Warum kann er nicht kommen?
3 Was wollten Manuel und Joshi machen?
4 Warum will Joshi mit Manuel zu einem Basketballspiel gehen?
5 Wann will Manuel kommen?

b **Was hat Manuel wohl in der Nachricht geschrieben, die Joshi gerade beantwortet hat? Schreib Manuels Nachricht an Joshi.**

AB 32–35

Es muss etwas getan werden!

Tuvalu ist ein Paradies.

Monise Tiseni

- Paradies ≈ wunderbares Land

Arne Hansen

Naturschutzgebiet Halligen

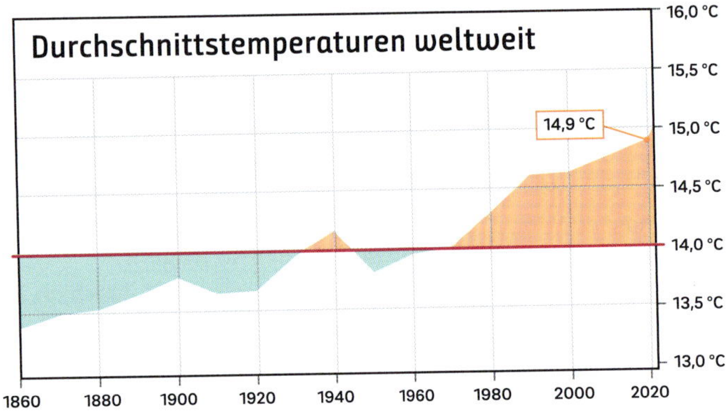

In den vierzig Jahren von 1980 bis 2020 ist die Temperatur weltweit um ein Grad gestiegen. Das ist doppelt so viel wie in den 120 Jahren zuvor. Einige Folgen spüren wir schon jetzt. Die Experten nehmen aber an, dass die Temperatur auf der Erde bis zum Jahr 2100 um weitere eineinhalb Grad steigt. Sie rechnen mit dramatischen Folgen: In vielen Regionen können die Menschen dann nicht mehr normal leben, weil es zu heiß wird. Drei Milliarden Menschen könnten so ihre Heimat verlieren.

(an)steigen ≈ ↑ (mehr/höher werden)
annehmen ≈ glauben
- Folge ≈ was später kommt
spüren ≈ bemerken, fühlen

A1 Klimawandel

a **Lies den Text und die Grafik. Wie hoch könnte die Temperatur auf der Erde im Jahr 2100 sein?**

b **Diese Folgen hat der Klimawandel schon jetzt. Welche Sätze (1–8) passen zu den Fotos (A–C)? Welche zwei Ereignisse haben nichts mit dem Klimawandel zu tun?**

1. Der Meeresspiegel steigt und bedroht Küstenregionen und Inseln.
2. Die Menschen werden immer älter.
3. Die Hitzetage im Sommer steigen an, und es gibt öfter Starkregen.
4. Es gibt mehr Sturmfluten.
5. In manchen Regionen gibt es mehr Trockenheit.
6. Die Gletscher schmelzen.
7. In den großen Städten gibt es mehr Müll.
8. Die Korallenriffe sterben.

Lösung: S. 79

- Ereignis ≈ was passiert
- Meeresspiegel ≈ Höhe des Meeres
bedrohen ≈ eine Gefahr sein für jmdn./etwas
- Küste ≈ Region zwischen Meer und Land
trocken (• Trockenheit) ≠ nass
schmelzen ≈ aus Eis wird Wasser

A

• Sturmflut

B

• Gletscher

C

• Korallenriff

RETTET UNSERE INSELN!

Monise Tiseni ist Taxifahrer von Beruf. Sehr weit kann Monise seine Fahrgäste allerdings nicht transportieren. Er lebt in Tuvalu, einem Inselstaat im Pazifik, und die längste Straße auf Monises Heimatinsel ist nur acht Kilometer lang. „Ich liebe das Leben hier. Alles ist so einfach. Wenn einmal keine Fahrgäste kommen, fange ich im Meer ein paar Fische und genieße den Tag." Tuvalu ist ein Paradies: Es gibt viel Sonne, Palmen und wunderschöne Strände. Auch aus diesem Grund lieben die ca. 12.000 Bewohner der Inselgruppe ihre Heimat.

Auf der anderen Seite des Globus', 20.000 km entfernt, lebt Arne Hansen. Arne ist Kaufmann von Beruf. Auch er ist mit seinem Leben zufrieden. Seine Kunden sind vor allem Touristen, die das Naturschutzgebiet Halligen besuchen. Die Halligen sind eine Inselgruppe in der Nordsee. „Die wunderbare Landschaft lockt viele Menschen auf unsere Inseln. Wir leben hier im Einklang mit der Natur", meint Arne Hansen.

Obwohl Monise und Arne in sehr unterschiedlichen Ländern und Kulturen leben, machen sie sich dieselben Sorgen um die Zukunft: Durch den Klimawandel steigt der Meeresspiegel, und das bedroht die Existenz ihrer Heimatinseln. Auf den Halligen ist man an den Kampf gegen das Meer gewöhnt. Jedes Jahr gibt es Sturmfluten und ein Großteil der Inseln wird überflutet. Doch in den letzten Jahren sind die Stürme häufiger und stärker geworden. Viel Geld wird investiert, um die Küste und die Inseln zu schützen. Trotzdem macht sich Arne Hansen Sorgen: „Wenn der Meeresspiegel in den nächsten Jahren sehr schnell ansteigt, können die Inseln vielleicht nicht mehr gerettet werden."

Die 12.000 Bewohner von Tuvalu bereiten sich inzwischen schon ganz konkret auf einen Umzug vor. Der Inselstaat ist arm und es gibt kein Geld, um gegen den Anstieg des Meeres zu kämpfen. Der höchste Punkt der Insel liegt nur ca. viereinhalb Meter über dem Meeresspiegel. Schon jetzt kann nichts mehr auf den Feldern gepflanzt werden, da das Salzwasser die Böden kaputt gemacht hat, und auch das Trinkwasser wird knapp. Die Inseln werden langsam vom Meer geschluckt. Tuvalus Premierminister bittet alle Länder, Verantwortung zu übernehmen und etwas gegen den Klimawandel zu tun. „Unsere Inseln müssen gerettet werden!", appelliert er an alle Verantwortlichen. Denn zum ersten Mal in der Geschichte muss vielleicht ein Land aus der UN-Mitgliedsliste gestrichen werden, weil es ganz einfach nicht mehr existiert.

i

genießen ≈ Freude an etwas haben
aus diesem • Grund ≈ deshalb
• Existenz (existieren) ≈ das Dasein, das Leben
gewöhnt sein ≈ normal finden
• Umzug (umziehen) ≈ Möbel in eine neue Wohnung bringen, um dort zu leben
schlucken ≈ *hier:* wegnehmen
appellieren ≈ auffordern, dringend bitten

A2 Das Meer kommt! AB 1

a **Sieh die Fotos oben links an. Lies und hör den Text. Welche Sorgen haben Monise Tiseni und Arne Hansen?** 1/19

b **Lies den Text noch einmal. Vergleiche die Situation auf Tuvalu und den Halligen. Ergänze die Tabelle.**

	Tuvalu	Halligen
1 Warum sind die Bewohner mit ihrem Leben auf den Inseln zufrieden?	*Paradies, …*	
2 Welche Folgen hat der Anstieg des Meeresspiegels für die Inseln schon jetzt?		
3 Wie versuchen die Verantwortlichen, die Inseln vor dem Anstieg des Meeresspiegels zu schützen?		

c **Lies die Fragen und mach Notizen. Diskutiert dann in der Klasse.**

1 Würdest du lieber auf den Halligen oder auf Tuvalu leben? Wo ist das Leben wohl angenehmer?
2 Stell dir vor, du lebst auf Tuvalu und musst vielleicht deine Heimatinsel bald verlassen. Welche Gedanken, Wünsche, Sorgen und Hoffnungen hast du?

Ich würde lieber, weil …
Ich würde denken: …
Ich hätte Angst, dass …

Das stimmt. Außerdem …
Ja, genau. Ich finde auch, dass …
Ich sehe das genauso: …

Das ist schon richtig, aber …
Da muss ich dir widersprechen: …
Ich sehe das anders: …

B1 Folgen des Klimawandels AB 2–11

... und es gibt kein Geld, um gegen den **Anstieg des Meeres** zu kämpfen.

a **Sieh die Grafiken an. Welche Fragen passen zu den Grafiken A und B? Zwei Fragen passen nicht.**

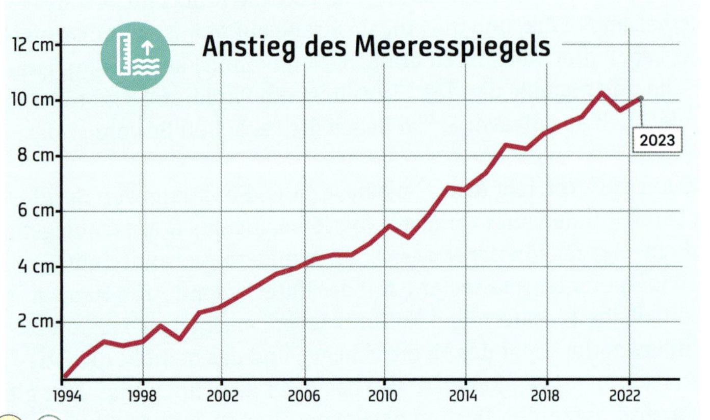

A (?)

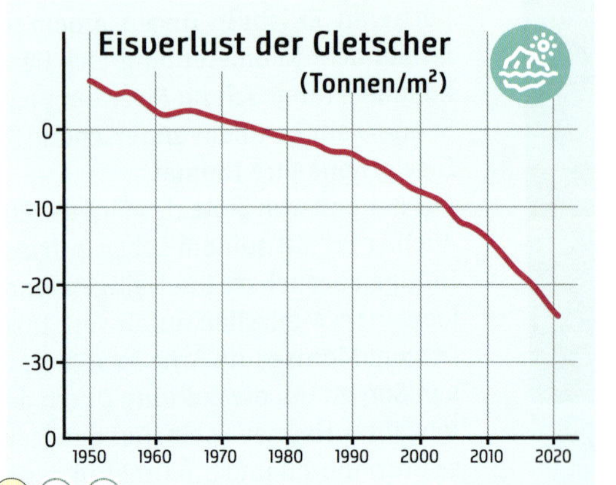

B (?) (?)

1. Wie verändern sich die Gletscher?
2. Wie viele Gletscher gibt es weltweit?
3. Wie hoch ist der Meeresspiegel im Jahr 2030?
4. Wie hat sich der Meeresspiegel in den letzten Jahren verändert?
5. Wie viel Eis haben die Gletscher seit 1950 verloren?

Weißt du's noch? S. 78
Indirekte Fragesätze

b **Beschreibe das Thema der Grafiken mit jeweils einem Satz.**

Grafik ... zeigt / macht deutlich, dass/wie ...
Man kann in Grafik ... sehen, dass ...

Grafik B zeigt, wie sich die Gletscher verändern. ...

c **Ergänze die Beschreibungen der Grafiken (A, B) mit den richtigen Verben (X) und den Informationen aus den Grafiken (X). Hör zu und vergleiche.** 1/20

verändert ★ gestiegen (sein) ★ abgenommen (haben) ★ zugenommen (haben)

abnehmen ≈ > (weniger werden)
zunehmen ≈ < (mehr werden)
sich verändern ≈ < oder >

Grafik A zeigt den Anstieg des Meeresspiegels von (1) (?) bis (2) (?). Wir sehen, dass der Meeresspiegel in diesen Jahren um (3) (?) Zentimeter (4) (?) ist.

Grafik B zeigt den Eisverlust der Gletscher weltweit seit dem Jahr (5) (?). Die Gletscher haben sich stark (6) (?). Man kann erkennen, dass der Eisverlust der Gletscher stark (7) (?) hat. Die Eismenge hat von (8) (?) bis 2020 um 25 Tonnen pro Quadratmeter (9) (?).

Weißt du's noch? S. 77
Genitiv

d **Welche Folgen haben die Entwicklungen, die in den Grafiken gezeigt werden? Schreib Kettensätze mit *wenn ... dann*.**

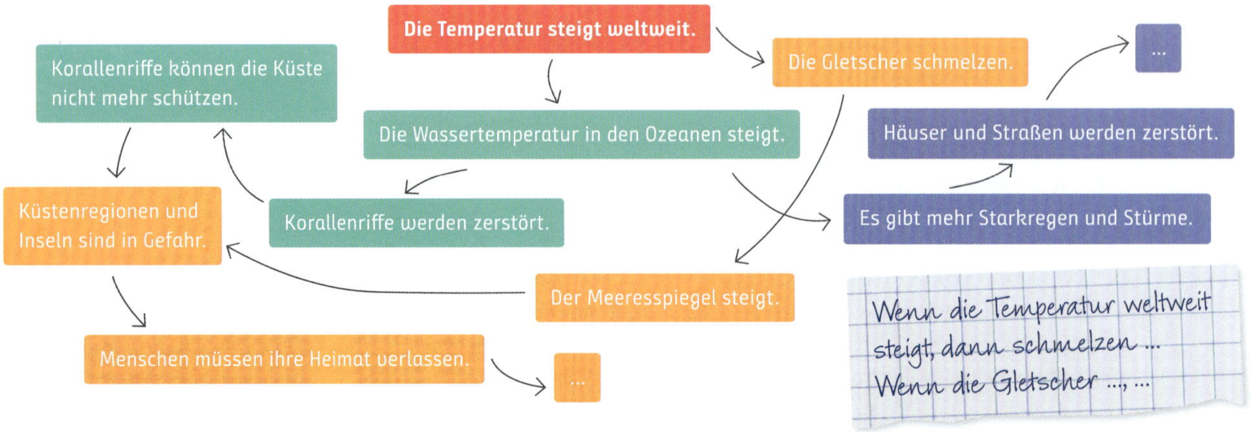

Wenn die Temperatur weltweit steigt, dann schmelzen ...
Wenn die Gletscher ..., ...

B2 Noch mehr Umweltprobleme ...

• Tanker

a **Was passt? Ordne die Schlagzeilen (A–H) den Sätzen (1–8) zu.**

1 (?) Die Meere werden leer gefischt.
2 (?) Die Luft wird verschmutzt.
3 (?) Naturlandschaften werden zerstört.
4 (?) Wälder werden abgeholzt.
5 (?) Tierarten werden ausgerottet.
6 (?) Seen und Flüsse werden verschmutzt.
7 (?) Küstenregionen werden zerstört.
8 (?) Das Grundwasser wird verschmutzt.

• Luft

• Kraftwerk

(A) Tankerunglück vor Chinas Küste

(B) Protest gegen Kraftwerksbau im Naturschutzgebiet

(C) BALD KEIN SUSHI MEHR?

(D) Stadtbewohner öfter krank!

(E) Kahlenbergs Trinkwasser durch Mülldeponie in Gefahr

(F) Rätselhaftes Fischsterben im Sonnbergsee

(H) Plastikmüll im Meer: Wale, Schildkröten, Seevögel und andere Tierarten in Gefahr

• Wal

(G) Sojafelder statt Regenwälder

• Bau ≈ Haus, Gebäude

b **Welche Umweltprobleme in a sind am größten? Was meint ihr? Nummeriert die Probleme und vergleicht mit eurer Partnerin / eurem Partner.**

1 Tierarten werden ausgerottet
2 ...

Das größte Problem ist, dass Tierarten ausgerottet werden.

Weißt du's noch? S. 76
Passiv Präsens

c **Gibt es Ursachen oder Verantwortliche für die Probleme in a? Sprecht und schreibt Sätze.**

durch Verkehr ★ durch Bauprojekte ★ von den Industriestaaten ★ von der Fischindustrie ★ von der Agrarindustrie ★ durch Unfälle mit Tankschiffen ★ ...

Die Luft in den Städten wird durch den Verkehr verschmutzt.

Wer macht was?

durch (+ Ursachen)	Die Korallenriffs werden **durch den Klimawandel** zerstört.
von (+ Verantwortliche)	Der Klimawandel wird **von den Menschen** gemacht.

B3 Und deine Umwelt?

a **Macht eine Liste mit Umweltproblemen in eurem Wohnort.**

- Es gibt zu viele Autos in der Stadt, die Luft wird verschmutzt.
- Auf den Straßen liegt viel Müll.
- In der Nähe unseres Wohnortes wird eine neue Fabrik gebaut.
- ...

b **Vergleicht eure Liste mit einem anderen Paar. Macht gemeinsam eine zweite Liste und diskutiert: Was können wir alle in unserem Alltagsleben tun, um die Umweltsituation zu verbessern?**

○ Kurze Strecken sollte man mit dem Fahrrad fahren.
□ Ich finde, man sollte den Müll trennen.
◆ ...

Müll trennen

c **Was davon tut ihr schon? Berichtet in der Klasse.**

C1 Was muss getan werden? AB 12-19

„Unsere Inseln **müssen gerettet werden**!"

a Welche Energie ist erneuerbar? Lies den Text und ordne zu.

Ein Grund für den Klimawandel ist das CO_2 in der Atmosphäre. Zu viel CO_2 bedeutet, dass sich das Klima verändert und die Temperatur weltweit ansteigt. In Europa muss in den nächsten Jahren sehr viel CO_2 eingespart werden, um CO_2-neutral zu werden. Dafür soll mehr erneuerbare Energie produziert und eingesetzt werden.

Vergleiche die CO_2-Bilanzen:
Ein Kohlekraftwerk produziert 1.000 Gramm CO_2 pro kWh.
Ein Windkraftwerk produziert 24 Gramm CO_2 pro kWh.

erneuerbare • Energie ≈ Energie, die die Natur immer wieder neu bereitstellt
einsparen = sparen ≠ verbrauchen
1 kWh = Kilowattstunde (Lampe mit 100 Watt 10 Stunden einschalten)

A

B

C

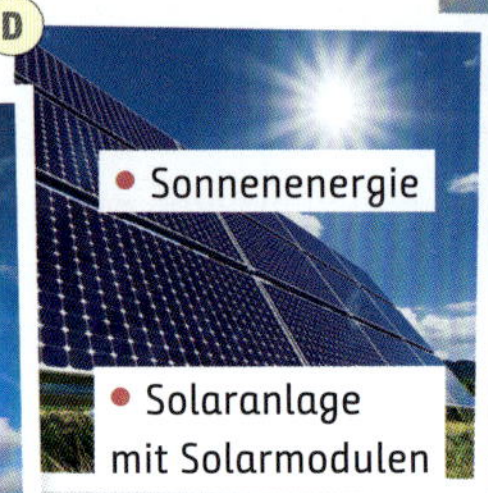

D

E

F

1 erneuerbare Energie: C, ...
2 nicht erneuerbare Energie:

b Lies die Zeitungsüberschrift und schreib einen kurzen Text über das Projekt.

Windparks sollen bis 2045 ausgebaut werden
Im Interview erklärt Energieexperte Diplomingenieur Gehring die Großprojekte vor Deutschlands Küste …

Passiv mit Modalverben
Passiv Präsens Der Windpark wird bis 2045 ausgebaut.
Der Windpark **soll** bis 2045 **ausgebaut werden**.
ebenso: kann, muss, darf, will, mag … gemacht werden

1 Vor der Küste Deutschlands – weitere Windparks – aufstellen sollen
Vor der Küste Deutschlands sollen ... aufgestellt werden.
2 Zuerst – die Teile – von Spezialschiffen – transportieren müssen *Zuerst müssen ...*
3 Dann – die Windräder – auf dem offenen Meer – zusammenbauen müssen
4 Schließlich – die Stromleitung – in 30 Meter Tiefe – verlegen müssen

• Strom ≈ elektrische Energie
verlegen = installieren

• Stromleitung verlegen

c Hör das Interview mit Diplomingenieur Gehring und beantworte die Fragen. 1/21

1 Warum werden die Windparks im Meer aufgestellt?
2 Wie groß sind die Windräder?
3 Wie viel Energie (Gigawatt) soll von den Windparks auf dem Meer im Jahr 2045 produziert werden?
4 Wie viele Kernkraftwerke können durch die Windparks eingespart werden?

d Projekte in der Schule. Was muss für diese Projekte gemacht werden? Schreib zu zwei oder drei Projekten einige Sätze im Passiv. Lies die Sätze in der Klasse vor. Die anderen erraten das Projekt. S. 69

Projekte
Umweltprobleme in Kirchdorf (Biologie)
Filmprojekt: Kommissar Kröger (Deutsch)
Brauchen wir mehr Platz? Wir vermessen unsere Schule (Mathe)
Das ist unsere Stadt (Broschüre für Touristen, Erdkunde)
Konzerttournee der Schulband und des Schulchors (Musik)

Umweltprobleme in Kirchdorf:
Im Internet muss ...

Interviews mit ... machen ★ im Internet nach ... suchen ★ Informationen über ... besorgen (≈ holen) ★ Texte schreiben ★ Probentermine ausmachen ★ ... *messen* (≈ Länge, Größe ... herausfinden) ★ ...

D1 Energie sparen

a **Sieh die Bilder an und hör die Ansagen. Welches Bild passt zu welcher Ansage (1–3)? Ergänze die fehlenden Informationen.** 1/22–24

A

B

C

b **Welche Umweltprobleme erkennt ihr in den Ansagen in a? Was kann man dagegen tun? Ordnet zu und sammelt Ideen.**

a ? hoher Energieverbrauch durch weite Transportwege für Nahrungsmittel
b ? Erdöl wird knapp
c ? Luftverschmutzung und Staus durch den Verkehr

• Nahrungsmittel ≈ Lebensmittel

Wir können mit dem Zug statt mit dem Auto fahren.

Wir sollten mit ... heizen.

D2 Clara, die Umweltaktivistin AB 20–22

a **Sieh das Foto an und hör den Text. Warum hat Pia sich verletzt? Wie ist der Unfall passiert?** 1/25

b **Hör noch einmal. Was ist richtig?** 1/25

• Leuchtmittel

1 Clara ...
a ? hat das Leuchtmittel aus der Lampe gedreht.
b ? hat vergessen, das Licht auszuschalten.

2 Clara will, ...
a ? dass alle in der Familie vegetarisch essen.
b ? dass billigere Lebensmittel eingekauft werden.

3 Amelie ist gegen Autos in der Stadt, ...
a ? obwohl man mit dem Auto schneller als mit dem Bus ist.
b ? weil Autos laut sind und die Luft verschmutzen.

4 Pia findet, ...
a ? dass Autos in der Stadt unpraktisch sind.
b ? dass ein Auto auch „Freiheit" bedeuten kann.

vegetarisch ≈ ohne Fleisch
unabhängig ≈ frei, selbstständig

c **Ordne die richtigen Sätze (1–4) aus b den Hörzitaten (A–D) zu.**

A ? Amelie: Ich hab gar nicht gewusst, dass Clara so extrem ist.
Pia: Da kennst du sie schlecht. ... Jetzt sollen wir alle kein Fleisch mehr essen.
B ? Pia: Aber das Auto macht dich mobil und unabhängig.
Amelie: Ja, du kannst ganz mobil und unabhängig im Stau stehen, ist ja voll blöd.
C ? Amelie: Gegen Autos in der Stadt bin ich aber auch. ... Wegen des Lärms und der schlechten Luft.
D ? Amelie: Das nervt!
Pia: Ja, vor allem gestern Nacht. Da bin ich im Dunklen voll gegen das Bücherregal gerannt.

d **Welche Vorteile und welche Nachteile haben Autos in der Stadt? Sammelt Argumente und diskutiert in der Klasse.**

• Vorteil ≠ • Nachteil ≈
positive Seite ≠ negative Seite

Vorteile	Nachteile:
man ist unabhängig	Parkgebühren

Wenn man in der Stadt einkauft, ist das Auto ein Vorteil.

E1 Claras Ideen zum Klimawandel AB 23–28

a **Schreib Sätze wie im Beispiel. Was muss/soll/darf getan werden?**

... es **dürfen** nur noch Lebensmittel aus der Region **gekauft werden** ...

ÖKOREGELN

1. Nur Produkte aus der Region kaufen!
2. Weniger Fleisch essen!
3. Im Winter die Heizung auf 18 Grad zurückdrehen!
4. Die Waschmaschine immer voll machen!
5. Nur drei Minuten statt zehn Minuten duschen!
6. Für den Urlaub keine Flugreisen buchen!

1 Nur Produkte aus der Region dürfen gekauft werden.
2 Weniger Fleisch soll ...
3 Im Winter soll ...

b **Wie viel könnt ihr mit Claras Ökoregeln in a sparen? Ordnet zu, hört die Lösungen und vergleicht.** 1/26

	Das könnt ihr sparen:	Ökoregel:
a	6 Liter Kerosin = 15 kg CO_2 (1 kg Bananen aus Südamerika)	1
b	600 Gramm CO_2 (pro Wäsche)	?
c	725 kg CO_2 (Flug Hamburg – Istanbul)	?
d	500 kg weniger CO_2 jährlich	?
e	6 Prozent Heizenergie	?
f	500 Kilogramm CO_2 pro Jahr (Vegetarier)	?

Wenn man keine Bananen aus Guatemala, sondern ein Kilo Äpfel aus der Region kauft, können 15 kg CO_2 eingespart werden.

Wenn ..., dann kann/können ... eingespart werden.

c **Löst die Rechenaufgabe auf S. 75.**

d **Clara, die Umweltaktivistin.**
Hört zu, ergänzt und macht ähnliche Dialoge. 1/27

Falls das wirklich hilft, warum nicht?
Wegen des Lärms und der schlechten Luft.

Ökoregel 1

- ○ Wir sollten wirklich nur L? aus der R? k?.
- ◆ Falls du jetzt meine B? aus dem Einkaufswagen n? willst, werde ich wirklich b?.
- ○ Wegen dir stirbt gerade ein Korallenriff!
- ◆ Jetzt übertreib nicht.

Wir sollten ... + Ökoregeln (2–6) in a
Falls du ... 2 auch die Wurst aus dem Einkaufswagen nehmen 3 die Heizung ganz ausschalten 4 bis übermorgen mit dem Waschen warten 5 dich überhaupt nicht waschen 6 mit dem Zug in die Türkei fahren wollen

wegen + Genitiv

wegen des Lärms ≈ weil es laut ist
! gesprochene Sprache auch wegen + Dativ (wegen dir)

falls ≈ wenn

Wegen dir ... schmelzen die Gletscher. ★ steigt der Meeresspiegel. ★ gibt es immer mehr Tornados. ★ sterben die Eisbären  aus. ★ kommt die Malariamücke  auch zu uns. ★ ...

e **Denk an Familienmitglieder, Freunde oder Bekannte und schreib persönliche Sätze wie im Beispiel.**

Wegen ... meines Vaters ★ meiner Tante ★ meiner Eltern ★ meines Bruders ★ meines Freundes ★ ...

Wegen meiner Eltern ...

f **Lest eure Sätze vor. Eure Partnerin / Euer Partner rät.**

○ Wir konnten ... ◆ Wegen eurer Nachbarn? ○ Nein, wegen ...

Wir konnten die Party nicht bei mir zu Hause machen.

AB 29–32

1 Es wird wärmer ...

a Lies den Liedtext. Zu welchen Textteilen (A oder B) passen die Aussagen?

> barfuß ≈ ohne Schuhe

1 Wenn es auf der Erde wärmer wird, hat das auch Vorteile. (?)

2 Wenn wir nichts gegen den Klimawandel tun, schaden wir uns selbst. (?)

b Hör das Lied. In welcher Reihenfolge kommen diese Themen in den Nachrichten vor? 1/28

- (?) Tuvalu
- (?) Korallenriffe
- (?) Klimaflüchtlinge
- (1) Temperaturanstieg
- (?) Entwicklung von Impfstoffen
- (?) Infektionskrankheiten
- (?) Tornados
- (?) ausgestorbene Tierarten

1 Temperaturanstieg
2 ...

> • Flüchtling (• Flucht/fliehen) ≈ Person, die wegen einer Katastrophe (z. B. Krieg) ihr Land verlassen muss
> • Impfstoff ≈ Medikament gegen Infektionskrankheiten

Barfuß

(Nachrichten)
A Es wird wärmer, stört das wen?
Ich kann viel früher barfuß gehen.
Schon im März sind wir am Pool.
Ich finde das super, einfach cool.

(Nachrichten)
Es wird wärmer, das ist schön,
Ich kann die Sorgen nicht verstehen.
Mein Wintermantel bleibt zu Haus.
Ich geh im Herbst im T-Shirt aus!

(Nachrichten)
Es wird wärmer, stört das wen?
Klimawandel? – Wegen drei Grad zehn?
Eisbären gibt's noch. Seid doch froh.
Zwar nicht am Nordpol, doch im Zoo.

(Nachrichten)
B Falls ihr denkt, ihr seid gescheiter.
Falls ihr denkt, es geht auch so.
Dann ändert nichts, macht einfach weiter.
Nur weiter so, immer weiter weiter weiter.
Erst wenn's zu spät ist,
werdet ihr sehen:
Wegen euch bleibt die Welt nicht stehen. Sie wird
sich einfach weiterdrehen,
auch ohne euch, auch ohne uns,
auch ohne mich, auch ohne dich.
Sie wird sich einfach weiterdrehen,
auch ohne euch, auch ohne uns,
auch ohne mich, auch ohne dich.
Sie wird sich einfach weiterdrehen,
auch ohne dich.

2 Projekt „Erneuerbare Energien"

a Lies den Arbeitsplan der Projektgruppe. Was muss alles gemacht werden? Wer macht was?

Projekt „Erneuerbare Energien"
Aufgaben bis nächsten Donnerstag

1) Im Internet Informationen sammeln:
- zur Windenergie (Jan??)
- zur Solarenergie (Mark)
- zur Wasserkraft (Sophie)
- zu alternativen Energieprojekten (Lisa)

2) Jakobs Vater anrufen
- Termin Kraftwerksbesichtigung (Sophie)

3) Claudias Eltern besuchen
- Interview Solaranlage (Lisa, Jan oder Mark?)

b Jan ist neu in der Gruppe. Er möchte wissen, was noch gemacht werden muss. Schreib Lisas E-Mail an Jan.

An: Jan Von: Lisa

Hallo Jan, ... müssen gesammelt/angerufen/... werden ... Mark/Sophie/... hat gesagt, dass er/sie ... Ich muss ... Du musst ... Du solltest ...

AB 33–36

ROSI ROT & WOLFI

LL1 Fakten und Beispiele

a **Lies den Text. In welchen Berufsfeldern arbeiten die Menschen in den deutschsprachigen Ländern? Ordne sie dann im Diagramm richtig zu.**

(A) Landwirtschaft ★ (B) Dienstleistung ★ (C) Industrie

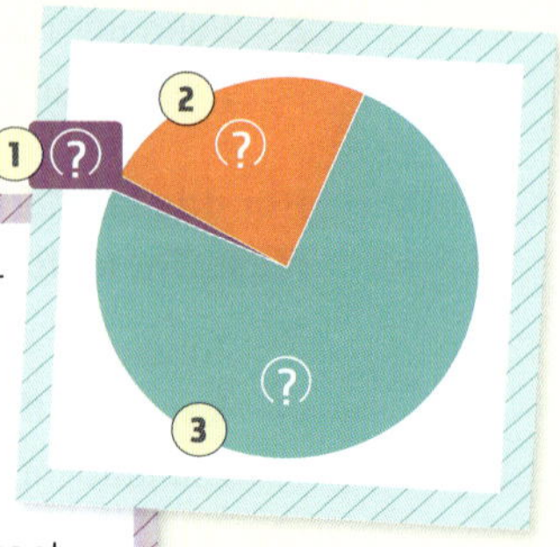

Deutschland, Österreich und die Schweiz sind wirtschaftlich sehr aktive Länder. Deutschland zählt zu den größten Volkswirtschaften der Welt. Viele deutsche, österreichische und schweizerische Produkte und Marken sind weltweit bekannt. Man könnte meinen, dass in den deutschsprachigen Ländern deshalb auch viele Menschen in Fabriken arbeiten, die diese Produkte herstellen. Aber das ist falsch. Viele Produktionsstätten befinden sich nämlich im Ausland. In den deutschsprachigen Ländern arbeiten nur 23,5 Prozent aller Berufstätigen in der Industrie. 75 % der Menschen arbeiten im Dienstleistungssektor, zum Beispiel im Handel oder im Tourismus, und nur 1,5 % arbeiten in der Landwirtschaft.

b **Welche Produkte aus den deutschsprachigen Ländern kennt ihr? Wo werden sie produziert? Suchst Informationen im Internet und macht eine Liste. Vergleicht dann in der Klasse.**

• Auto (-s) ★ • Schokolade *(Sg.)* ★ • Uhr (-en) ★ • Elektrogerät (-e) ★ • Sportkleidung *(Sg.)* ★ • Kosmetik *(Sg.)* ★ • Getränk (-e) ★ • Geschirr *(Sg.)* ★ • Taschenmesser (-) ★ • Spielzeug *(Sg.)* ★ • Speise (-n) ★ • Musikinstrument (-e) ★ • Süßigkeit (-en) ★ • Haushaltsgerät (-e) ★ • Ski (-) ★ ...

Ich glaube, in der Schweiz werden Uhren hergestellt.

Stimmt, Schweizer Uhren sind bekannt.

Kennst du eine Süßigkeit aus Österreich?

Gibt es Sportkleidung, die aus Deutschland kommt?

Bei uns sind deutsche Autos beliebt.

Welche Autos kommen denn aus Deutschland?

Das weiß ich nicht.

Dann suchen wir im Internet?

	Produkt	Marke	Produktionsstätte
Deutschland	Autos, ...		
Österreich			
Schweiz			

c **Unternehmerfamilien. Hör den Text über die Unternehmerfamilie Riegel. Was ist richtig?** 1/29

1 (?) Haribo gibt es schon seit mehr als hundert Jahren.
2 (?) Der Firmenname hat etwas mit dem Namen der Unternehmerfamilie zu tun.
3 (?) Hans Riegel mochte Bären sehr gern.
4 (?) Das Rezept für die Haribo Goldbären ist weltweit bekannt.
5 (?) In Deutschland arbeiten siebentausend Mitarbeiterinnen und Mitarbeiter für Haribo.

LL2 Und jetzt du!

Beantwortet die Fragen.

1 Welche Marken und Produkte aus eurem Heimatland sind national und international bekannt?
2 Welche Unternehmerfamilien gibt es in eurem Heimatland?
3 Gibt es Firmen aus dem Ausland, die in deinem Heimatland produzieren?
4 Macht eine Umfrage in der Klasse: Wo arbeiten deine Eltern? In der Landwirtschaft, in der Industrie oder im Dienstleistungssektor?

P1 Sammelt Ideen.

a **Arbeitet in Dreier- oder Vierergruppen. Lest den Text und wählt eine der folgenden drei Situationen aus.**

• Flugzeugabsturz

Eure Gruppe war in einem kleinen Flugzeug unterwegs, das über einem unbewohnten Gebiet (Situationen 1–3) abgestürzt ist. Ihr seid die einzigen Personen, die das Unglück überlebt haben. Ihr müsst versuchen, Hilfe zu holen oder so lange zu überleben, bis Hilfe kommt.

Situation 1: • Ozean

Situation 2: • Sahara

Situation 3: • Nordpol

b **Überlebenshilfen. Lest die Liste mit den Gegenständen durch. Einigt euch, welche sechs Gegenstände ihr für das Überleben braucht. Die Zeichnungen in c helfen euch. Macht Notizen und diskutiert in der Gruppe.**

Situation 1: Auf dem Ozean
kleines Schlauchboot oder Floß, Zündhölzer, Signalraketen, Ruder, Öllampe mit Öl, Seekarten vom Absturzgebiet, Messer, Schwimmwesten, 20 Meter Bindfaden, drei Wasserkanister mit Süßwasser, Zelt, Decken und Kissen, Kompass, Angelhaken

Situation 2: In der Sahara
drei Tuben Zahnpasta, zehn Decken, eine Mappe mit Landkarten von Nordafrika, zehn Meter Seil, Sack mit Trockenfrüchten, Campingkocher mit Gaskartuschen, zwei Bleistifte, Messer, Vergrößerungsglas, drei Wasserkanister mit Trinkwasser, fünf Campingstühle, Hüte, eine Schachtel mit alten Zeitungen, Kompass

Situation 3: Am Nordpol
30 Kilo Dosennahrung (Rindfleisch mit Bohnen), 20 Meter Seil, zehn Signalraketen, ein Schlauchboot, sechs Sonnenbrillen, drei Wasserkanister (mit gefrorenem Wasser), 20 Schachteln Streichhölzer, ein kleiner Schlitten, ein Erste-Hilfe-Kasten, Decken, Kompass, ein batteriebetriebenes Radio, ein kleiner Ölofen mit Heizöl

... brauchen wir auf jeden Fall, um ...
... brauchen wir, damit wir ...
... brauchen wir zum Kochen, ...
... können wir als ... / zum ... gebrauchen.

Damit können wir ...
Falls ..., brauchen wir ...
Mit ... kann ... gemacht / gekocht / geheizt ... werden.

> ℹ • Rind ≈ männliche oder weibliche Kuh
> gefrorenes Wasser ≈ Eis (*frieren*)

c **Ihr habt überlebt! Bereitet eine Pressekonferenz vor. Macht Notizen zu den Fragen.**

1 Wann und wie ist das Unglück passiert?
2 Welche Überlebenshilfen hattet ihr?
3 Was habt ihr gegessen und getrunken?
4 Wie habt ihr euch während dieser Zeit gefühlt?
5 Wie habt ihr kritische Situationen gelöst?
6 Wie hat man euch gerettet?
7 Wie habt ihr euch nach der Rettung gefühlt?

d **Übt eure Präsentation. Präsentiert eure Antworten in c als Erfahrungsbericht. Jeder in der Gruppe sollte etwas sagen.**

Als wir ..., ...
Zuerst / am Anfang ...

Mit ... konnten wir ...
... war wichtig, um ...

Bevor / Während / Nachdem ...
Da / Plötzlich ... Am Ende / Schließlich ...

P2 Spielt die Pressekonferenz in der Klasse als Rollenspiel.

Die Gruppen präsentieren ihre Erfahrungsberichte und beantworten Fragen.

> **FILM**
> Schau den Film **Gute Alternativen** an und lös die Aufgaben auf Seite 71.

GRAMMATIK 27+28

FINDE DIE Sprechblasen-Sätze IN DEN LEKTIONEN 27 UND 28.

G1 Verb

a Verb *brauchen*

- Spiel mit, wir **brauchen dich**!
- Er **braucht nicht mitzuspielen**, wenn er nicht will.

brauchen + nicht, kein, nie, nur …
→ **zu** + Infinitiv

Ich **brauche nicht** mehr an Noten **zu** denken.

S. 32

b Verben mit Präpositionen

Ich denke nur noch **an** dich, ich träume **von** dir. ♥

Ich **denke** oft **an** meine Cousine.

S. 30, 31

mit Akkusativ: denken **an**
ebenso: sich interessieren **für**, sich kümmern **um** …

mit Dativ: träumen **von**
ebenso: Angst haben **vor**, zweifeln **an** …

c Passiv mit Modalverben

Die Luft **wird verschmutzt**.

Die Luft **darf** nicht länger **verschmutzt werden**!

kann, muss, darf, soll, will, mag … + Partizip II + **werden**

Der Windpark **soll** bis 2045 **ausgebaut werden**.

S. 40

G2 Nomen und Pronomen, Präpositionen

a Präpositionalpronomen

- **Wovon** hast du letzte Nacht geträumt?
- Von Sommerferien, die nie aufhören.
- **Davon** träume ich schon lange.

! Bei Personen:

- **Von wem** hast du letzte Nacht geträumt?
- Von meinem Fahrlehrer.
- **Von dem** würde ich nie träumen.

ebenso: sich interessieren für → **für wen**, arbeiten mit → **mit wem** …

von, für, mit … → wo**von**, wor**für**, wo**mit**
→ da**von**, dar**für**, da**mit**

! träumen **von** → wo**von**, da**von**
freuen **auf** → wo**r**auf, da**r**auf
denken **an** → wo**r**an, da**r**an

Dabei achtet der Mentalist auf die Körpersprache.

S. 30, 31

b Präposition *wegen*

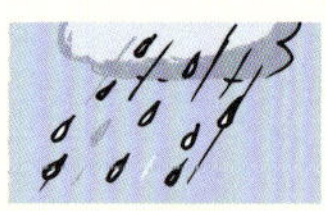

- Warum gehst du nicht spazieren?
- **Wegen** des • Regens. / des • Gewitters. / der • Kälte. / der dunklen • Wolken.

! gesprochene Sprache auch *wegen* + Dativ (wegen dem Regen, wegen ihr)

wegen + Genitiv

- Warum machst du die Party nicht bei dir zu Hause?
- **Wegen** ihm/ihr/ihnen.

Wegen dir stirbt gerade ein Korallenriff!

S. 42

G3 Satz

a Infinitivsatz mit *um … zu, statt … zu, ohne … zu*

Moritz fährt mit dem Moped, **um** schneller **zu** sein.
Er fährt durch den Park, **ohne** auf die Spaziergänger **zu** achten.
Er fährt auf der Wiese, **statt** auf dem Fahrradweg **zu** bleiben.
Das kostet 50 €!

Niko nimmt Tabletten, **um** fit **zu** bleiben.

S. 32, 34

b **Finale Nebensätze mit *damit***

Moritz fährt durch den Park,
damit er schneller ist (um schneller zu sein).
damit seine Freunde nicht **warten müssen**.

Mark leiht Sabrina sein Moped, **damit** sie zur Fahrschule fahren kann.

S. 34

c **Konditionale Nebensätze mit *falls***

Falls du meine Bananen aus dem Einkaufswagen nimmst, werde ich böse.

falls ≈ wenn

Falls das wirklich hilft, warum nicht?

S. 42

27+28 REDEMITTEL

über Ziele sprechen L27, S. 32

Für Niko ist es wichtig, Spaß zu haben.
Jede Woche ist er ins Fitnessstudio gegangen, um gut auszusehen.

Kommunikationsstrategien L27, S. 33

- o Du hast sicher keine Lust, … / Ich bin sicher, du …
- ◆ Das hängt davon ab. / Das kommt darauf an.
- o …, aber das ist sicher nicht wichtig/interessant … für dich.
- ◆ Doch/Im Gegenteil, ich kann/mag/möchte gern …
- o Na, dann könnten wir doch …
- ◆ Na ja, warum nicht …

Verwunderung ausdrücken L27, S. 33

Das gibt's doch nicht!
Wie kommt das denn?
Wie hat sie dich denn rumgekriegt?

Wünsche ausdrücken L27, S. 34

Ich würde lieber ins Kino gehen, statt mit einer Dreijährigen zu spielen.

Ratschläge geben L27, S. 34

Du solltest nicht über die Straße gehen, ohne nach links und nach rechts zu schauen.

Sorgen und Hoffnungen äußern L28, S. 37

Ich würde lieber …, weil …
Ich würde denken: …
Ich hätte Angst, dass …

zustimmen L28, S. 37

Das stimmt. Außerdem …
Ja, genau. Ich finde auch, dass …
Ich sehe das genauso: …

widersprechen L28, S. 37

Das ist schon richtig, aber …
Da muss ich dir widersprechen: …
Ich sehe das anders: …

über Umweltprobleme sprechen L28, S. 38, 39

In der Grafik kann man sehen, dass sich die Gletscher verändern.
Die Grafik zeigt / macht deutlich …
Wenn die Temperatur weltweit steigt, dann schmelzen …
Das größte Problem ist, dass Tierarten ausgerottet werden.
Ich finde, man sollte den Müll trennen.

Ursachen / Verantwortliche angeben L28, S. 39, 42

Die Luft in den Städten wird durch den Verkehr verschmutzt.
Der Klimawandel wird von den Menschen gemacht.
Wegen meiner Eltern konnten wir die Party nicht bei mir zu Hause machen.

über Regeln sprechen L28, S. 42

Es dürfen nur noch Lebensmittel aus der Region gekauft werden.
Wir sollen weniger Fleisch essen.

29

Auf jeden Fall stand sie jetzt vor dem Fahrkartenschalter und suchte in ihrem Rucksack verzweifelt nach Bargeld, nach ein paar Euro, die ihr weiterhelfen sollten. Der letzte Zug nach Bremen ging in einer Stunde. Wenn sie keine Karte für die Rückfahrt kaufen konnte, musste sie am Bahnhof übernachten. Die Vorstellung, auf einer der schmutzigen Sitzbänke schlafen zu müssen, war schrecklich.

C

„Wenn du mir das Geld wirklich zurückgeben willst, dann komm in zwei Monaten nach Bremerhaven. Mein Bruder und ich haben dort Arbeit gefunden. Ich möchte dich unbedingt wiedersehen, Selina."

A

„Hast du etwas verloren, kann ich dir helfen?" Es war ihr sehr unangenehm, angesprochen zu werden, vor allem in dieser Situation. Was wollte der Typ von ihr? Er sollte sie in Ruhe lassen.

B

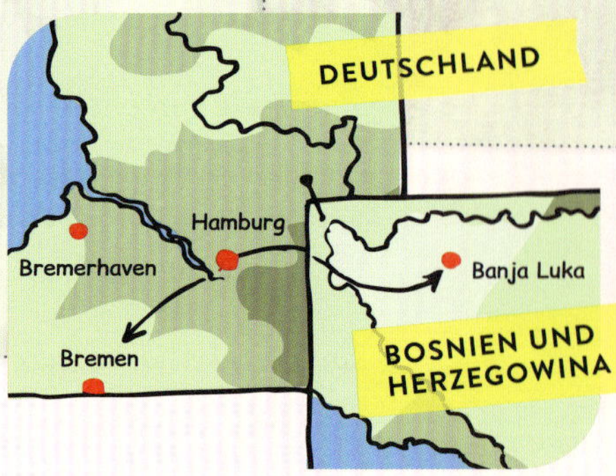

unangenehm ≈ etwas macht negative Gefühle
übernachten ≈ eine Nacht verbringen
• Vorstellung ≈ eine Idee, ein Bild in Gedanken

A1 Begegnungen

a **Lest die Zitate oben (A–C). In welcher Reihenfolge kommen die Zitate wohl im Text vor? Was passiert im Text vielleicht?**

b **Lies und hör den Text. Ordne die Textzitate aus a im Text zu.** 2/01

c **Was passt? Ordne die Satzteile (A–J) zu. Nicht alle passen.**

1 Selina hatte kein Geld, ?
2 Sie hatte Angst, die Nacht ?
3 Es gefiel ihr überhaupt nicht, ?
4 Doch dann erklärte sie dem jungen Mann ihre Situation ?
5 Der Mann hieß Milan ?
6 Selina fuhr nach Bremerhaven, ?
7 Selina war sehr enttäuscht, ?

A am Bahnsteig verbringen zu müssen.
B und begann zu weinen.
C um Milan wiederzusehen.
D und lebte in Hamburg.
E dass jemand sie ansprach.
F und lieh Selina das Geld für die Fahrkarte.
G darüber, dass Milan sie nicht besuchen wollte.
H weil sie ihren Geldbeutel zu Hause vergessen hatte.
I als Milan die Türe öffnete und sie nicht wiedererkannte.
J um sich eine Fahrkarte nach Bremen zu kaufen.

d **Beantwortet die Frage und diskutiert in der Klasse, wie die Geschichte weitergeht.**
Warum sagt Selina: „Entschuldigen Sie bitte, ich habe mich in der Tür geirrt."

Selina denkt, dass ...

Ich möchte dich unbedingt wiedersehen ...

• Handyhülle

Es war genau vor zwei Monaten gewesen, sie hatten sich nach einem Rockkonzert auf dem Hamburger Bahnhof getroffen, ganz zufällig. Selina hatte verzweifelt ihr Handy gesucht. Doch das Handy war weg. Vielleicht hatte sie es auf dem Weg zum Bahnhof verloren, vielleicht schon beim Konzert. In der Handyhülle steckte ihre Kreditkarte, die war also auch weg. **1** (?)

2 (?) Unwillig drehte sie sich um und wollte etwas Unfreundliches antworten. Doch irgendetwas hinderte sie daran, ihren Ärger an dem jungen Mann, der vor ihr stand, auszulassen. Waren es seine graublauen Augen oder war es sein schüchternes Lächeln? Besonders attraktiv fand sie ihn eigentlich nicht. Irgendwie spürte Selina jedoch, dass sie ihm vertrauen konnte: „Ich habe keine Fahrkarte!", sagte sie nur, und dann begann sie zu weinen. Sie konnte es selbst nicht glauben. Da stand sie und weinte vor diesem Mann, den sie noch nie gesehen hatte.

Wenig später saßen sie im Bahnhofsrestaurant und tranken einen Kaffee. Milan hatte ihr das Geld für die Fahrkarte geliehen. Sie hatten noch etwas Zeit, bis ihre Züge abfuhren. Milan musste nach München und dann weiter nach Banja Luka, in seine Heimatstadt. „Wie kann ich dir dein Geld zurückgeben? Soll ich es dir überweisen?", fragte sie. Noch nie war Selina einem Mann in so kurzer Zeit so nahe gekommen. **3** (?)

Nun stand Selina vor der Wohnungstür und klingelte. Ihr Herz schlug bis zum Hals. War es dumm von ihr gewesen, in den Zug zu steigen und die siebzig Kilometer von Bremen nach Bremerhaven zu fahren? Vielleicht hatte Milan sie schon längst vergessen. Aber irgendetwas hatte ihr gesagt, dass sie diesen Mann wiedersehen musste. Sie hatte das Gefühl, dass ihre Zukunft davon abhing. Sie hörte Schritte, dann öffnete sich die Tür. Milan stand vor ihr. Doch er war verändert. Kein Lächeln, kein Zeichen, dass er sie wiedererkannte, nur ein förmliches: „Guten Tag, kann ich Ihnen helfen?" Einen Moment lang zögerte Selina, dann antwortete sie leise: „Entschuldigen Sie bitte, ich habe mich in der Tür geirrt."

> i
> vertrauen ≈ glauben, dass eine Person etwas richtig macht
> weinen ≈ Tränen in den Augen haben, weil man traurig oder verzweifelt ist

> i
> • Schritt ≈ die Bewegung der Beine beim Gehen
> förmlich ≈ offiziell, einer • Form folgen
> zögern ≈ etwas nicht tun, weil man sich nicht sicher ist
> sich irren ≈ sich täuschen

A2 15 Jahre später ... AB 1–2

> i
> • Neffe ♂, • Nichte ♀ = der Sohn oder die Tochter meines Bruders oder meiner Schwester
> • Vergnügen ≈ Spaß

a **Hör den Anfang des zweiten Teils der Geschichte. Ordne die Sätze (A–D) chronologisch.** 2/02

A (?) Selina und ihre Neffen bringen sich in Sicherheit.
B (?) Die ersten Regentropfen
C (1) Im Vergnügungspark: Achterbahn und Riesenrad
D (?) Das Gewitter: Donner und Blitz

• Regentropfen

• Vergnügungspark

• Gewitter, • Blitz, • Donner

b **Hör nun die ganze Geschichte. Was ist richtig?** 2/03

1 Selina hat den Kellner ...
- **a** (?) wegen seines Aussehens
- **b** (?) wegen der vielen Leute
- **c** (?) wegen des Gewitters

nicht sofort wiedererkannt.

2 Selina hatte in Bremerhaven ...
- **a** (?) einen anderen Mann kennengelernt.
- **b** (?) an der falschen Wohnungstür geklingelt.
- **c** (?) Nermin getroffen, Milans Bruder.

3 Milan hatte versucht, ...
- **a** (?) zu heiraten.
- **b** (?) Selina zu finden.
- **c** (?) Selina zu vergessen.

4 Milan ...
- **a** (?) hatte einen tödlichen Unfall.
- **b** (?) hatte eine Beziehung mit einer anderen Frau.
- **c** (?) hat geheiratet.

c **Ersetze die unterstrichenen Wörter in den Sätzen durch die Wörter aus dem Kasten.**

ewig ★ erledigen ★ • Single ★ Bart ★ Zwillingsbruder

1 Der Kellner hatte Mühe, seine Arbeit zu <u>machen</u>.
2 Sein <u>verändertes Aussehen</u> hatte sie unsicher gemacht.
3 Ich heiße Nermin, ich bin Milans <u>Bruder</u>.
4 Die Pause schien Selina <u>sehr, sehr lange</u> zu dauern.
5 Milan ist auch <u>alleine</u> geblieben.

• Bart

• Zwillingsbruder

B1 Hoffnungen und Enttäuschungen AB 3–9

> Sind Sie nicht die Frau, **die** meinen Bruder besuchen wollte?

a **Wie hat Selina die Geschichte ihrer Begegnung mit Milan erlebt? Lies die Situationen (1–9) und zeichne ein „Gefühlsdiagramm" für Selina.**

Erste Begegnung

1 Selina sucht ihr Handy.
2 Milan spricht Selina an.
3 Milan leiht Selina im Bahnhofscafé Geld.
4 Selina fährt nach Bremerhaven.
5 Nermin öffnet die Tür und kennt Selina nicht.

15 Jahre später

6 Selina besucht mit ihren Neffen den Vergnügungspark.
7 Selina glaubt, den Kellner zu kennen.
8 Nermin erklärt Selina die Situation in Bremerhaven.
9 Nermin erzählt, dass Milan einen Unfall hatte.

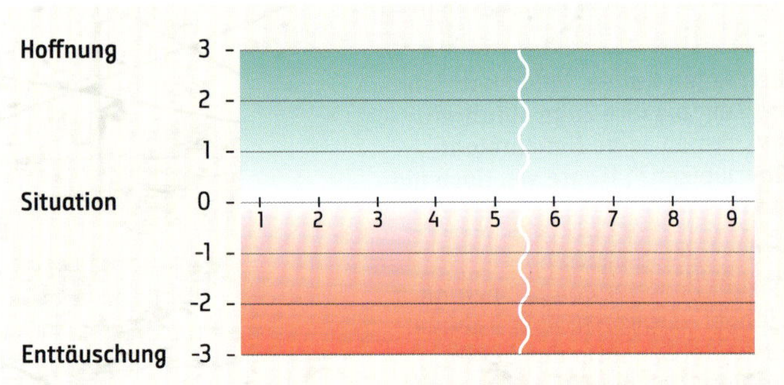

> • Enttäuschung ≈ das, was enttäuscht (≈ eine Person oder etwas ist anders, als man gehofft hat)

> ***Weißt du's noch?*** S. 78
> Relativsätze (Relativpronomen im Nominativ)

b **Vergleicht eure Zeichnungen und diskutiert die Situationen.**

Das ist die Szene, die ...
Das ist der Moment, der ...
Das ist das Ereignis, das ...
Das sind die Situationen, die ...

... für Selina am glücklichsten/furchtbarsten/schönsten/schwierigsten ... ist/sind.
... für Selina und Milan das Ende ihrer Beziehung bedeutet/bedeuten.
... zeigt/zeigen, dass Milan und Selina sich verliebt haben.
... zeigt/zeigen, dass Selina eine starke/unsichere/schüchterne ... Frau ist.

> Nummer 2 ist die Szene, die ...

c **Ersetze die unterstrichenen Wörter durch die Relativpronomen in der Klammer und schreib Relativsätze. Ordne dann die Teile (A–D) chronologisch.**

> Sie weinte vor einem Mann, **den** sie noch nie **gesehen hatte**.

(A) (?)

Milan leiht Selina das Geld *(das)* (?). Sie braucht Akk. <u>das Geld</u> für die Fahrkarte.

A Milan leiht Selina das Geld, das sie für die Fahrkarte braucht. ...

Milan und Selina verbringen im Bahnhofscafé einige gemeinsame Minuten *(die)* (?). Sie können Akk. <u>diese Minuten</u> später nicht mehr vergessen.

(B) (?)

Selina flüchtet mit ihren Neffen *(denen)* (?) vor dem Gewitter in ein Zelt. Sie hat Dat. <u>ihnen</u> den Vergnügungspark gezeigt. Milans Zwillingsbruder erkennt Selina *(der)* (?). Er kann Dat. <u>Selina</u> nun das Missverständnis in Bremerhaven erklären.

(C) (?)

Milan *(dem)* (?) wohnt mit seinem Bruder in Bremerhaven. Selina will Dat. <u>ihm</u> das Geld zurückgeben. Selina *(der)* (?) glaubt, dass sie mit Milan selbst spricht. Milans Bruder öffnet Dat. <u>ihr</u> die Tür.

(D) (?)

Selina sucht ihr Handy *(das)* (?). Sie hat Akk. <u>es</u> kurz zuvor noch in ihrem Rucksack gehabt. Ein junger Mann *(den)* (?) spricht sie an. Sie hat Akk. <u>ihn</u> noch nie zuvor gesehen.

d **Hoffnungen und Träume. Wer sagt was? Ordne A oder B zu. Schreib dann Relativsätze.**

1 [?] „Ich wollte ihm immer schon begegnen."
2 [?] „Ich möchte ihr meine Ideen erklären."
3 [?] „Ich spiele ihnen vielleicht bosnische Lieder vor."
4 [?] „Ich möchte ihr beim Einschlafen zusehen."
5 [?] „Ich kann ihm meine Geheimnisse erzählen."
6 [?] „Ich kann ihm hundertprozentig vertrauen."
7 [?] „Ich kann ihnen vielleicht meine Lieblingsplätze in Bremen zeigen."

Relativsätze (Relativpronomen im Dativ)

Der Mann, • **dem** Selina ihre Heimatstadt **zeigen will**.
→ jmdm. etwas zeigen (+ Dativ)
Das Kind, • **dem** ... / Die Freundin, • **der** ... /
Die Neffen, • **denen** ...

Milan ist der Mann, dem ...
Ich lerne sicher seine Verwandten kennen, denen ...
Selina ist die Frau, der ...
Wahrscheinlich lerne ich ihre Freundinnen kennen, denen ...

e **Fehler und Enttäuschungen. Warum können Selina und Milan nicht zusammenfinden? Schreibt Relativsätze.**

Das alles verhindert ein glückliches Ende der Geschichte:

• Frage	Selina – nicht stellen
• Informationen	Milans Bruder – Selina nicht geben
• Brief/• E-Mail/ • SMS/• Nachricht	Milan/Selina – nicht schreiben (können)
• Anruf	Milan/Selina – nicht machen (können)

i: verhindern ≈ etwas unmöglich machen

Eine wichtige Frage, die Selina nicht stellt ...
Wichtige Informationen, die ...

Relativsätze (Relativpronomen im Akkusativ)

Der Mann, • **den** Selina besucht. → jmdn. besuchen (+ Akkusativ)
Das Kind, • **das** ... / Die Freundin, • **die** ... / Die Neffen, • **die** ...

f **Mach die Fehler aus e wieder gut. Erfinde eine Szene, die die Geschichte zu einem „guten Ende" führt. Schreib die Nachricht oder das Gespräch zu dieser Szene.**

Sehr geehrter Herr Milan Muretovic,
ich wollte Ihnen letztes Wochenende das Geld, das Sie mir geliehen haben, zurückgeben. ...

Liebe Selina,
ich musste sehr lange im Internet suchen, bis ...

Nermin: „Guten Tag, kann ich Ihnen helfen?"
Selina: „Hallo Milan. Erkennst du mich nicht?" ...

B2 „Glückspilze" und „Pechvögel"

a **Sammelt zu den Menschentypen (1–5) möglichst viele passende Relativsätze und schreibt jeden Relativsatz auf einen Papierstreifen wie im Beispiel. Die Verben auf Seite 75 helfen euch.**

1 Glückspilz (hat immer Glück)
2 Pechvogel (hat immer Pech)
3 Nörgler/Nörglerin (findet alles schlecht)
4 Besserwisser/Besserwisserin (weiß alles besser)
5 Spaßvogel (macht gern Späße)

Das ist jemand, dem nichts gelingt. (Pechvogel)

Das ist eine Person, die alle lustig finden. (Spaßvogel)

Das sind Menschen, die alles schlecht finden. (Nörgler)

b **Eure Lehrerin / Euer Lehrer sammelt die Papierstreifen ein und liest die Sätze vor. Versucht, den richtigen Menschentyp zu erraten.**

ETHIK

C1 Zwillinge AB 10–15

a **Ergänze die Adjektive mit den richtigen Endungen. Wie heißen die Zwillinge? Ordne zu.**

… war es sein **schüchternes** Lächeln?

Weißt du's noch? S. 77
Adjektivendungen

Ich habe gestern Kevins Zwillingsbruder gesehen. Er hat genauso *(lockig)* lockige, *(blond)* ? Haare und *(blau)* ? Augen wie Kevin. Er hat auch ein *(schmal)* ? Gesicht mit *(viel)* ? Sommersprossen und einer *(spitz)* ? Nase.

1 ?

Alexandra, meine beste Freundin, hat einen Zwillingsbruder. Die beiden sehen sich sehr ähnlich: Sie haben beide *(kurz)* kurze, *(braun)* ?, *(glatt)* ? Haare, ein *(rund)* ? Gesicht und eine *(sportlich)* ? Figur. Beide sind ziemlich kräftig. Gestern trugen sie beide einen *(dick)* ? Pullover aus *(bunt)* bunter Wolle und Kappen aus *(kariert)* kariertem Stoff. Aus *(größer)* größerer Entfernung kann man gar nicht erkennen, wer der Junge und wer das Mädchen ist.

2 ?

Adjektivendungen Singular

Singularregel 2 (Ergänzung)
ohne Artikel → Endungen wie nach *ein*:
z. B. ein rundes Gesicht – rundes Gesicht

! Singularregel 3
ohne Artikel (Dativ) → •• -em, • -er
z. B. aus kariertem • Stoff, aus gutem • Material, aus roter • Wolle

Wer ist das?
– breiter Mund
– schmales Gesicht
– spitze Nase

b **Hör zu und vergleiche. Zeig die unterstrichenen Wörter in a in den Zeichnungen.** 2/04–05

C2 Guter Zwilling – Böser Zwilling AB 16

a **Lies die Filmbeschreibung. Was ist mit Kapitän Miller passiert?**

Dr. Schwarz, die Ärztin an Bord der Galaktika, bemerkt es sofort: Mit Kent Miller, dem Kapitän des Raumschiffes, stimmt etwas nicht. Sie kannte und liebte Kent als zärtlichen, treuen und rücksichtsvollen Menschen. Seit der Expedition auf den Planeten Erion verhält er sich allerdings sehr seltsam. Nach und nach bemerken auch andere Mannschaftsmitglieder Veränderungen. Früher war Miller ruhig und geduldig. Die Mannschaft kannte ihn als ehrlichen, mutigen und manchmal auch witzigen Menschen. Jetzt zeigt der Kommandant jedoch ganz andere Charaktereigenschaften. Ein Fehler im Transportsystem wird entdeckt und bald wird klar: Kent Millers „böser Zwilling" kommandiert das Raumschiff.

b **Wie ist Kapitän Miller normalerweise? Such Adjektive in a und finde dann die Eigenschaften seines „bösen Zwillings".**

rücksichtslos ★ verlogen ★ ~~lieblos~~ ★ untreu ★ nervös ★ humorlos ★ ungeduldig ★ feig

Kent Miller	Millers „böser Zwilling"
zärtlich	lieblos
…	…

C3 „Zwillinge" in meiner Familie

Adjektive mit *un-*, *-voll* und *-los*
geduldig ≠ **un**geduldig;
rücksichts**voll** ≠ rücksichts**los**

a **Ordne die Adjektive aus C1 und C2.**

Aussehen: ? Kleidung: ? Charakter: ?

b **Macht Notizen und beschreibt eurer Partnerin / eurem Partner die Personen.**

Beschreibe Personen in deiner Familie (Aussehen, Kleidung, Charakter, …), die …
1 ganz ähnlich wie du sind. **2** ganz anders als du sind.

AB 17–20

D1 Beziehungskisten AB 21–23

a **Die Vorgeschichte. Lies den Text. Wie heißen Annas Eltern? Wer ist Helmut?**

Das ist Anna. Ihre Eltern Sophie und Alexander lernten sich mit 19 Jahren kennen. Bald danach verlobten sie sich. Nach einem großen Streit trennten sie sich. Bald darauf verziehen sie sich aber und zogen zusammen. Schließlich heirateten sie. Wenig später kam Anna auf die Welt. Sophie und Alexander waren sechzehn Jahre verheiratet. Dann ließen sie sich scheiden. Vor einigen Monaten verliebte Sophie sich in Helmut.

b **Welche Zeichnungen passen zu den unterstrichenen Verben in a? Ordne zu und schreib die Infinitive.**

1 ? sich sch? la?
2 ? sich verlie?
3 ? sich k?
4 ? sich verlo?
5 ? sich t?
6 ? sich verz?
7 ? h?

c **Sieh die Zeichnungen an und finde die passenden Bildunterschriften.**

A ? Ihre Zukunft als Sängerin
B ? Urlaub mit Helmut und Sophie
C 4 Der Umzug nach Duisburg
D ? Annas Beziehung zu Lukas

d **In welcher Reihenfolge spricht Anna mit Mika über diese Themen? Hör zu und ergänze in c.** 2/06

e **Annas Probleme. Hör noch einmal. Was ist richtig?** 2/06

Problem 1: Die Band
a ? Anna kann am Donnerstag nicht zur Bandprobe kommen.
b ? Anna würde gern weiter in der Band singen.

Problem 2: Der Umzug
c ? Annas Mutter möchte mit Anna und Helmut zusammenleben.
d ? Anna denkt daran, alleine zu wohnen.

Problem 3: Helmut
e ? Der gemeinsame Sommerurlaub hat Helmut gut gefallen.
f ? Anna weiß noch nicht, ob sie Helmut sympathisch findet.

Problem 4: Annas Beziehung
g ? Mika findet Annas und Lukas' Beziehung toll.
h ? Anna möchte mit Lukas Schluss machen.

f **Ordne die Probleme (1–4) aus e den Hörzitaten (A–D) zu.**

A ? Anna: Meine Mutter und ich, wir ziehen nach Duisburg. Sie hat sich verlobt und will wieder heiraten.

B ? Mika: Erzähl mir jetzt bloß nicht, dass du nicht kommen kannst! Die Probe ist wichtig.
Anna: Ja, ich weiß, ich komm ja auch – auch zum Konzert am Samstag.

C ? Anna: Er ist ziemlich fertig, genauso wie ich. Wir mögen uns wirklich sehr.
Mika: Stimmt. Ihr könnt jetzt nicht einfach Schluss machen.

D ? Anna: Ja, sie wollen zusammenziehen, und ich muss mit. Sie möchten es unbedingt miteinander probieren.
Mika: Du glaubst wohl nicht, dass das etwas wird.
Anna: Zwei Wochen gemeinsamer Sommerurlaub ... glaub mir, das war nicht wirklich harmonisch. ...

g **Was soll Anna tun? Diskutiert in der Gruppe und berichtet dann in der Klasse.**

mit ihrer Mutter über Helmut sprechen ★ bei Konzerten weiter für die Band singen ★ Lukas jedes Wochenende besuchen ★ ...

An ihrer Stelle würde ich ... *Vielleicht könnte sie (auch) ...* *Wichtig ist auch, dass ... / ... zu ...*

Ich denke, Anna soll ...

E1 Anna und Lukas AB 24–25

Ihr passt so gut **zueinander**.

Beschreibe die Geschichte der Beziehung von Anna und Lukas. Schreib Sätze wie im Beispiel.

im Club kennenlernen → tanzen (mit) →
sympathisch finden → sprechen (mit) →
anrufen → noch einmal treffen → sich verlieben (in)

Anna und Lukas haben sich ... Sie haben ...

Reziprokpronomen

Er sieht sie. ♀←♂ Sie sieht ihn. ♀→♂
Sie sehen **sich**. ♀↔♂ (≈ einander)

Er tanzt **mit** ihr. ♀←♂ Sie tanzt **mit** ihm. ♀→♂
Sie tanzen ~~mit sich~~ **miteinander**. ♀↔♂

E2 Der Nörgler: Über alles beschwert er sich ... AB 26–29

Alles hat ihn gestört: Der Bus, **mit dem** wir ins Hotel gefahren sind, ...

a Was hat Helmut im Urlaub gestört? Hör zu und ergänze die Sätze. 2/07

Anna: Alles hat ihn gestört:

1 der Bus, ? ? wir ins Hotel gefahren sind *(fahren mit)*,
2 das Hotel, ? ? wir gewohnt haben *(wohnen in)*,
3 die Kellnerin, ? ? er sich jeden Tag geärgert hat *(sich ärgern über)*,
4 die anderen Hotelgäste, ? ? er nichts zu tun haben wollte *(zu tun haben wollen mit)*

und ... stell dir vor ... auch meine Telefonate mit Lukas, die ihn aber schon überhaupt nichts angehen.

Relativsätze (Relativpronomen mit Präpositionen)

fahren mit: Der Bus, **mit** • **dem** wir **fahren**.
wohnen in: Das Hotel, **in** • **dem** wir **wohnen**.
sein in: Die Reisetasche, **in** • **der** meine Kleider **sind**.
essen mit: Die Hotelgäste, **mit** • **denen** wir jeden Tag **essen**.

das geht ihn nichts an ≈ das darf ihn nicht interessieren

b Hör den Dialog. Was hat Tobias gestern gemacht? 2/08

Tobias war ... Tobias hat ...

c Hör noch einmal. Was hat Tobias gestört? Ordne die vier richtigen Lösungen zu und schreib Relativsätze mit Präpositionen. 2/08

nichts Gutes gehört hat ★ nichts anfangen konnte ★ trainiert haben ★ erfolglos gesucht hat ★ sich geärgert hat ★ gefragt hat

1 Die vielen Fitnessgeräte, mit denen er *nichts* ?
2 Die Trainerin, über die er ?.
3 Die tolle Sportkleidung, in der die anderen ?.
4 Die Umkleidekabinen, nach denen er ?.

d Denkt an verschiedene Orte und Situationen. Was kann Nörgler alles stören? Sammelt möglichst viele Ideen und schreibt Relativsätze. S. 69

im Theater: die Theaterkarten, die Schauspieler, das Theaterstück ... ★ beim Fußballspiel: der Ball, der Schiedsrichter ... ★ im Supermarkt: ... ★ im Kleidergeschäft: ... ★ in der Schule: ... ★ auf dem Campingplatz: ... ★ im Internet: ... ★ auf dem Handy: ... ★ ...

die Theaterkarten, die zu teuer waren
die Schauspieler, von denen er sehr enttäuscht war

e Nörgler und Optimisten. Macht mit den Ideen aus d Dialoge wie im Beispiel.

- ○ Gestern war ich im Theater.
- ◆ Und wie war's?
- ○ Die Karten waren viel zu teuer.
- ◆ Wenn das Stück gut war, macht das doch gar nicht so viel.

Das macht doch nichts.
Das ist doch nicht so schlimm.
Mir gefällt das.
Stört dich das wirklich?

1 Liebesgedichte

a **Lies und hör die Gedichte. Welches Gedicht findest du optimistischer?** 2/09

Ohne dich

Nicht nichts
ohne dich
aber nicht dasselbe

Nicht nichts
ohne dich
aber vielleicht weniger

Nicht nichts
aber weniger
und weniger

Nicht nichts
ohne dich
Aber nicht mehr viel.

(Erich Fried)

Was ist „nicht nichts"? Das Leben?
wie früher? Klar!
Das schreibt sicher ein Mann!
warum „vielleicht"?
also doch weniger!
Klingt traurig! Hat sie ihn schon verlassen?

1

du

ich sage
du

langsam
sage ich
du

ganz langsam
sage ich
du

ein ganzes
langes
ausatmen
lang
sage ich
du

(Ernst Jandl)

Ist das ein Gespräch? Wo sind die beiden?
Warum noch langsamer? Damit er sie besser versteht?
Oder spricht ein Mann?
Aha! Das „du" wird intensiver!
= alles geben?

2

b **Sprecht über die Notizen neben den Texten.**

Ich glaube auch, dass …

Das verstehe ich nicht.

Ich finde, dass …

2 Wir sollten Schluss machen …

angeblich ≈ wie jemand behauptet
sich melden ≈ Kontakt aufnehmen

a **Lies Merles Nachricht. Was stört Merle an Sandro?**

Sandro,
vielleicht sollten wir Schluss machen. Es klappt nicht mehr mit uns. Wir waren gestern um 16.00 Uhr verabredet. Eine halbe Stunde lang habe ich auf dich gewartet, dann bin ich gegangen. Wo warst du? Was für eine Entschuldigung hast du diesmal? Außerdem gibt es auch noch ein paar andere Dinge, die mich stören: deine Nachrichten an Anna zum Beispiel, von denen sie mir immer so begeistert erzählt, oder die vielen Wochenenden, an denen du angeblich keine Zeit hast. Max hat dich übrigens letztes Wochenende mit Anna im Kino gesehen. Wir müssen dringend miteinander reden, Sandro. Melde dich bitte!
Merle

b **Schreib Sandros Antwort.**
Schreib etwas zu den folgenden Punkten:

- die Verabredung gestern
- der Kinobesuch mit Anna
- die Termine am Wochenende
- die Nachrichten an Anna
- was Sandro an Merle stört / nicht stört
- die Beziehung zu Merle

AB 30–32

Wenn das wahr wäre, …

Pest, Jan Luyken, Christoph Weigel, 1695–1705.

der Teufel
Hexen
schwarze Magie
Verschwörer

FRÜHER
Oswald, geboren 1595

HEUTE
Jens, geboren 2002

eine schlechte Regierung
der Klimawandel, das Wetter
schlechte Lebensbedingungen, Infektionen
Menschen mit bösen Absichten
Verschwörer

A1 Probleme und ihre Ursachen AB 1

a Seht die Bilder an. Welche Probleme seht ihr? Wer ist wohl schuld daran? Was glauben Oswald und Jens?

Früher dachte man, dass … schuld an / die Ursache für … ist.
Heute weiß man, dass …
Manche Menschen glauben auch heute noch, dass …

- Ursache ≈ Grund
- Verschwörer ≈ Menschen, die gemeinsam planen, jmdm. zu schaden
- Regierung ≈ Personen, die ein Land regieren (≈ für ein Land entscheiden)
- Bedingung ≈ Voraussetzung
- Infektion ≈ Krankheit durch den Kontakt mit einem Virus oder einem Bakterium
- Absicht ≈ was jmd. machen will

b Welche Ereignisse fanden im 17. Jahrhundert (zwischen 1600 und 1700) statt? Was meint ihr?

1 Leonardo da Vinci malt sein berühmtes Bild „Mona Lisa".
2 Die Französische Revolution bringt Napoleon an die Macht.
3 Kolumbus landet in Amerika.
4 Katholische und evangelische Soldaten kämpfen im Dreißigjährigen Krieg gegeneinander.
5 William Shakespeare schreibt in England Theaterstücke.
6 In Europa werden Tausende unschuldige Frauen als Hexen verbrannt.
7 Wolfgang Amadeus Mozart wird geboren.
8 Der Sonnenkönig Ludwig XIV. regiert in Frankreich.

Ich bin sicher, …
Ich nehme an, …
Ich glaube, …
Ich vermute, …
Wahrscheinlich …
Vielleicht …

Ich glaube, Leonardo da Vinci hat früher gelebt.

Lösung: S. 79

malen ≈ mit Farben ein Bild herstellen
katholisch, evangelisch ≈ christliche Religionsgemeinschaften

Das Ende der Welt …

Vor fünf Jahren waren seine Frau und vier seiner Kinder an der Pest gestorben … Kälte und Unwetter hatten nun schon zum vierten Mal hintereinander das Getreide auf seinen Feldern zerstört … Und jetzt, im Jahr 1618, hatte ein Krieg begonnen. Jeden Tag konnten Soldaten kommen und sein Haus niederbrennen. Das Leben war sehr schwer geworden für Veith Bayer. Ein Unglück nach dem anderen traf ihn und seine Familie. Den anderen Bauern in der Region ging es ähnlich.

Wenn Veith Bayer auf seinem Feld arbeitete, gingen ihm immer wieder dieselben Fragen durch den Kopf: „Warum können wir nicht in Frieden leben? Wer ist schuld an unserem Unglück? Wer ist schuld an all den täglichen Katastrophen?“ Heute wissen wir, wie es im Jahr 1618 zum sogenannten „Dreißigjährigen Krieg“ kam. Wir wissen, dass Klimaveränderungen im 17. Jahrhundert zu Kälteperioden und Unwettern führten. Und wir kennen die Ursachen für die Pest und andere tödliche Krankheiten. Die Menschen im frühen 17. Jahrhundert wussten dies alles nicht.

Doch im Wirtshaus erzählte man einander Geschichten. Einfache Geschichten, mit denen man alles erklären konnte. Auch Veith Bayer hörte diese Geschichten: Das Ende der Welt stand bevor, so hieß es. Der Endkampf zwischen den guten Mächten und den bösen Mächten hatte begonnen. Der Teufel war schuld an dem Unglück der Menschen. Angeblich war er aber nur deshalb so erfolgreich, weil er Helfer und Helferinnen hatte: Menschen, die ihn in seinem Kampf unterstützten. Anfangs fand Veith Bayer diese Geschichten einfach lächerlich, doch sie gingen ihm nicht aus dem Kopf.

Vor zwei Wochen hatte er seine Nachbarin im Wald beobachtet. Sie hatte ein Loch gegraben und dabei seltsame Wörter und Sätze gesprochen. Gleich danach war das Unwetter gekommen, das seine Ernte fast völlig zerstört hatte … „Wenn der Teufel nicht überall Helfer hätte, wäre er nicht so erfolgreich“, hatten die Leute im Wirtshaus gesagt. „Könnte es nicht sein, dass …?“

Die Geschichten, die Veith Bayer im Wirtshaus gehört hatte, hatten schreckliche Folgen. Im 16. und 17. Jahrhundert haben sie zehntausenden Menschen, vor allem Frauen, das Leben gekostet: Man hat sie als angebliche Hexen verbrannt. Wenn Ereignisse mysteriös und gefährlich erscheinen, suchen Menschen nach einfachen Erklärungen. Oft werden bestimmte Gruppen von Menschen für diese Ereignisse verantwortlich gemacht. Immer wird dabei angenommen, dass die Verschwörer böse Absichten haben. Vor allem in Krisenzeiten sind solche Verschwörungstheorien populär. Auch heute begegnen wir noch solchen Ideen. Manche könnten gefährlich sein, manche erscheinen einfach lächerlich. Beweise für Verschwörungstheorien gibt es nie. Denn wenn es Beweise gäbe, wären die Verschwörungstheorien keine Verschwörungstheorien mehr.

• Loch

c **Lies und hör den Text über den Bauern Veith Bayer. Welche Ereignisse in b kommen im Text vor?** 2/10

- Getreide ≈ Korn
- Katastrophe ≈ unglückliches Ereignis, das sehr vielen Menschen schadet
- Wirt ≈ Besitzer eines • Wirtshauses (≈ einfaches Restaurant, Gasthaus)

unterstützen ≈ helfen

d **Was passt? Such die Antworten im Text und mach Notizen.**

1 Warum war das Leben für Veith Bayer schwierig geworden?
2 Was wissen wir heute über die Probleme der Menschen im 17. Jahrhundert?
3 Wem gaben die Menschen früher die Schuld an ihren Problemen?
4 Wen und was hat Veith Bayer im Wald beobachtet?
5 Warum hat er bei seinen Beobachtungen an die Geschichten im Wirtshaus gedacht?
6 Welche Folgen hatten diese Geschichten im 16. und 17. Jahrhundert?
7 In welchen Situationen erfinden Menschen Verschwörungstheorien?

1 Viel Pech: seine Frau und vier seiner Kinder …

B1 Moderne Verschwörungstheorien AB 2–10

a **Lies die Texte (1–3) und ordne die drei passenden Internet-Postings (A–H) zu. Kennst du noch andere Verschwörungstheorien?**

> Wenn es Beweise **gäbe**, **wäre** die Verschwörungstheorie keine Verschwörungstheorie mehr.

(A) **Chemtrails sind gefährlich!**

(B) **Die Mondlandung hat es nie gegeben**

Chemtrails

Astronaut bei der Mondlandung
© NASA - 20. Juli 1969 - Astronaut Buzz Aldrin

Aluhut

(C) **JACKO LEBT! ICH HABE IHN GESEHEN.**

(D) **Unsere Erde ist flach, glaubt mir das!**

(E) **Achtung, die Reptilienmenschen kontrollieren uns!**

(F) **Sonderangebot: Aluhut – schützt vor 5G**

(G) **Corona? Hat es nie gegeben!**

(H) **9/11 – Es war alles ganz anders!**

(1) (?) Zu den bekanntesten Verschwörungstheorien zählt die Behauptung, dass niemals Menschen auf dem Mond waren. Die Verschwörungstheoretiker glauben, dass alle Fotos und Filme von der Mondlandung in einem Studio auf der Erde entstanden sind. Am Projekt „Mondlandung" haben 400.000 Menschen mitgearbeitet. Wenn die Verschwörungstheoretiker recht hätten, müssten also 400.000 Menschen Teil dieser großen Verschwörung sein.

(2) (?) Einige Michael-Jackson-Fans glauben, dass ihr Idol noch lebt. Jacko hatte am Ende seines Lebens viele Probleme. Seine Fans glauben, dass Michael vor diesen Problemen flüchten wollte. Wenn alle Fans an Jacksons Tod glauben würden, könnte er nämlich irgendwo auf der Welt ein ruhiges Leben führen.

(3) (?) Im Bereich der Wirtschaft gibt es zahlreiche Verschwörungstheorien. So glauben manche Menschen, dass Mobilfunknetze gefährlich sind. Wenn wir uns nicht mit Aluhüten gegen das 5-G-Netz schützen würden, könnte man unsere Gedanken und Gefühle kontrollieren. Das ist natürlich Unsinn, meinen Ärzte und Ärztinnen.

> *entstehen* ≈ gemacht werden
> zahlreich ≈ sehr viele

> *Weißt du's noch?* S. 76
> Konjunktiv II

b **Realität und Spekulation. Ordne zu und schreib Sätze.**

	Realität	Spekulation
1	Im Jahr 1969 waren die ersten Menschen auf dem Mond.	Wenn die Mondlandung eine Fälschung wäre, (?)
2	Michael Jackson ist tot.	Wenn er nicht tot wäre, (?)
3	5G ist ungefährlich.	Wenn 5-G-Netze gefährlich wären, (?)

auf einer Insel im Pazifik leben ★
400.000 Menschen Verschwörer sein ★
Aluhüte uns nicht schützen können

Konjunktiv II: Irreale Bedingungen

Realität:	Spekulation (= nicht real):
Die Menschen haben Angst. Deshalb entstehen Verschwörungstheorien.	**Wenn** die Menschen weniger Angst (Konj. II) **hätten**, (Konj. II) **würden** keine Verschwörungstheorien **entstehen**.

B2 Wie misstrauisch bist du?

a **Lies die Umfrage. Beantworte die Punkte (1–6) für dich und für deine Partnerin / deinen Partner.**

1 **Wenn man mich um eine Unterschrift gegen einen neuen Flughafen bitten würde, …**
- (C) würde ich zuerst im Internet nach Informationen suchen.
- (A) würde ich sofort unterschreiben.
- (B) würde ich nach mehr Informationen fragen.
- (D) würde ich erklären, dass ich nicht lesen und schreiben kann.

Situation	ich	Meine Partnerin / Mein Partner
1		
2		

2 **Wenn ich einen Werbespot über ein neues „Superprodukt“ sehen würde, ...**
- (A) würde ich es am nächsten Tag kaufen.
- (D) würde ich mir den Werbespot merken.
- (B) würde ich mich in einem Geschäft beraten lassen.
- (C) würde ich denken: So ein Unsinn! Das ist sicher ein Märchen.

3 **Wenn ein Unbekannter mir anbieten würde, mich mit seinem Auto nach Hause zu bringen, ...**
- (D) würde ich nach dem Preis des Autos fragen.
- (C) würde ich auf keinen Fall mitfahren.
- (A) würde ich sofort mitfahren.
- (B) würde ich fragen, ob mein Freund auch mitfahren darf.

4 **Wenn man mich einladen würde, an einer Umfrage zum Thema Kosmetik mitzumachen, ...**
- (A) würde ich sofort alle Fragen beantworten.
- (B) würde ich fragen, was mit meinen Antworten passiert.
- (C) würde ich den Kontakt sofort beenden.
- (D) würde ich mich unter die Dusche stellen.

5 **Wenn jemand mir erzählen würde, dass mein Lieblingssänger seine Lieder nicht selbst singt, ...**
- (C) würde ich die Person als Lügner beschimpfen.
- (B) würde ich fragen, woher diese Information kommt.
- (D) würde ich der Person einige Lieder vorsingen.
- (A) wäre ich traurig und enttäuscht.

6 **Wenn ich von einem Unbekannten eine Einladung zu einer Internet-Freundschaft bekommen würde, ...**
- (A) würde ich die Einladung sofort annehmen.
- (B) würde ich schauen, wer seine Freunde sind, und mich dann vielleicht anmelden.
- (D) würde ich mir ein neues Handy kaufen.
- (C) würde ich mich sicher nicht anmelden.

i
misstrauisch sein ≈ kein Vertrauen haben
sich beraten lassen ≈ sich einen Rat (= Ratschlag) geben lassen

b **Lest eure Vermutungen über euren Partner / eure Partnerin vor und korrigiert sie. Zählt dann eure Punkte zusammen und geht zur Auswertung auf Seite 75.**

alle	Punkte
A	0
B	1
C	2
D	3

Ich glaube, in Situation 1 würdest du ...
Ich glaube, wenn jemand ..., dann würdest du ...

Nein, sicher nicht.
Ich würde ...

B3 Was müsste passieren, damit ...?

a **Was müsste passieren, damit ihr die Verschwörungstheorien in B1 glaubt? Ordnet zu, ergänzt den Konjunktiv und schreibt Sätze.**

1 Wenn Michael Jackson wieder auf Tour dann ...

1 Wenn Michael Jackson wieder auf Tour *gehen würde* *(gehen)*, ?
2 Wenn es auf dem Mond keine Spuren ? *(geben)*, ?
3 Wenn Reptilienmenschen unsere Schule ? *(besuchen)*, ?
4 Wenn alle Ärzte und Ärztinnen gegen die 5-G-Technik ? *(sein)*, ?
5 Wenn man im Internet Fotos einer flachen Erde ? *(sehen können)*, ?

- (A) dann würde ich glauben, dass 5G gefährlich sein kann.
- (B) dann würde ich glauben, dass die Mondlandung gefälscht ist.
- (C) dann würde ich trotzdem wissen, dass die Erde rund ist.
- (D) dann würde ich vielleicht glauben, dass er noch lebt.
- (E) dann würde ich glauben, dass es sie gibt.

b **Stellt Fragen und antwortet. Findet noch weitere Fragen.** S. 69

100 Euro bekommen ★ eine Wette verlieren ★ sich ärgern über ★ die Lehrerin nicht böse sein ★ sich im Fasching als ... verkleiden ★ ...

Was müsste passieren, damit ...
du einen Bungee-Sprung probierst?
du bei einer Prüfung abschreibst?
du deine Haare rot färbst?
du jemanden einen Idioten nennst?
du ...

Was müsste passieren, damit du deine Haare rot färbst?

Wenn ich mich im Fasching als Teufel verkleiden würde, dann würde ich vielleicht ...

C1 Bist du sicher? AB 11–12

a **Welche Zeichnung (A–B) und welcher Satz (C–D) passt zu den Dialogen (1–2)? Hör die beiden Dialoge und ordne zu.** 2/11–12

> **Angeblich** war er aber nur deshalb so erfolgreich, weil er Helfer und Helferinnen hatte.

Dialog 1: ? ?
Dialog 2: ? ?

A

B

C Das steht im Internet.

D Das hat ein Freund erzählt.

b **Hör noch einmal und ergänze.** 2/11–12

selbstverständlich ★ (sich) irren ★ tatsächlich ★ angeblich (2 x) ★ zweifellos ★ eventuell ★ • Eindruck (den Eindruck haben) ★ offenbar ★ anscheinend

Dialog 1
- ○ Woher hast du das?
- ◆ Olli hatte den **a** ?, dass da etwas nicht gestimmt hat.
- ○ Und das glaubst du so ganz **b** ??
- ◆ **c** ? hat ihm das ein Spieler erzählt.
- ○ **d** ? ein Spieler von Neufeld?
- ◆ Ja, wie kommst du da drauf?
- ○ Die Spieler von Neufeld können **e** ? nicht verlieren und erzählen jetzt **f** ? solche Märchen.

Dialog 2
- □ Das kann nicht stimmen.
- ▼ Nein, sie verlässt ihn **g** ?. Sie haben **h** ? nur noch gestritten.
- □ Du musst dich **i** ?, woher hast du das?
- ▼ Von einem Social-Media-Kanal. ... Warum würden sie das schreiben, wenn es nicht wahr wäre?
- □ Na warum wohl? **j** ? damit du ihren Kanal likst und vielleicht auch Follower wirst?

> liken = 👍
> Follower *(in sozialen Netzwerken)* = Person, die regelmäßig Nachrichten von einer bestimmten Person, Institution usw. bekommt

c **Ordne die neun Wörter aus b zu.**

A Ich bin sicher. (100 %)	B Ich bin nicht ganz sicher. (≈ 50 %)	C Ich weiß es nicht. (0 %)
offenbar, ...	*vielleicht* *wahrscheinlich, ...*	?

d **Ordne auch die folgenden Aussagen der Tabelle in c zu.**

1 Ich behaupte, ...
2 Ich vermute, ...
3 Ich stelle fest, ...
4 Ich bin überzeugt, ...
5 Ich nehme an, ...
6 Ich weiß nicht, ...
7 Ich glaube, ...
8 Ich frage mich, ...
9 Ich habe keine Ahnung ...

> feststellen ≈ reale Fakten sehen und sagen

e **Bildet Vierergruppen (A, B, C, D). A verlässt das Klassenzimmer. B und C erzählen, was sie über A wissen oder was sie glauben zu wissen. D macht Notizen. A kommt zurück und D erzählt, was B und C behauptet oder vermutet haben. A bestätigt oder korrigiert die Aussagen. Verwendet die Wörter aus der Tabelle in c.**

D1 Original und Fälschung AB 13–14

a **Seht die Fotos (A–D) an. Was ist ein Originalfoto, was ist eine Fotomontage? Was meint ihr?**

A

B

C

D

Das erste/zweite … Foto ist ganz sicher ein Originalfoto / eine Fotomontage / mit KI gemacht.
Es ist schon möglich / nicht möglich, dass …
Foto A ist anscheinend …
Ich nehme an, das erste Foto …
Wahrscheinlich ist …
Das vierte Foto ist eventuell …

- KI = Künstliche Intelligenz
- / Fake = Fälschung = falsch, nicht echt, gefälscht

b **Seht die Screenshots aus Videos (A und B) an. Sind die Videos echt oder eine Fälschung (ein Fake)? Welche Tricks haben die Macher der Videos vielleicht benutzt? Was meint ihr? Macht Notizen.**

A

B

Vielleicht war das Wasser nicht sehr tief.

c **Hört den Dialog und vergleicht mit euren Vermutungen in b.** 2/13

d **Fälschung oder Realität? Hör noch einmal. Finde die Argumente und ordne die Personen zu. Wer sagt das: Felix (F) oder Mia (M)?** 2/13

(F) Felix: „Ich glaube, das Video ist eine Fälschung."
(M) Mia: „Ich glaube, das Video ist echt."

Sportler laufen auf dem Wasser

1 (?) Die Sportler im Video …
2 (?) Die Aufnahme muss ein Fake sein, …
3 (?) Sie haben …
4 (?) Sie könnten …

a eine Laufbahn gebaut haben.
b man kann nicht über das Wasser laufen.
c ganz normale Sportschuhe getragen.
d sind über das Wasser gelaufen.

Vogel attackiert Kleinkind

5 (?) Man hat den Vogel fliegen sehen …
6 (?) Das Video hat man sogar …
7 (?) Den Vogel und das Kind …

e hat es nie wirklich gegeben.
f und dann hat er das Kind gepackt.
g in den Nachrichten gezeigt.

e **Diskutiert die Fragen in der Klasse.**

1 Welches Video war eine Fälschung?
2 Welches Video war echt?
3 Wie erkennt man, ob ein Foto oder ein Video echt oder gefälscht ist?
4 Welchen Medien können wir vertrauen?

Ich glaube, Video … war eine Fälschung / echt.
Man sieht, dass …
Bei einem echten/gefälschten Video gibt es …
Man muss …
Wenn es eine gute Kontrolle gibt, …

Lösung: S. 79

E1 Ängste AB 15–17

Herr Phobik hat immer und überall Angst. Was könnte wohl alles passieren? Ordne zu und schreib Sätze. Finde weitere Situationen und Sätze.

Wenn das so einfach ist, **könnte** ja alles gefälscht sein.

1 im Schwimmbad
2 auf dem Bahnhof
3 im Restaurant
4 am Abend beim Serien-Streamen
5 in der Apotheke
6 ...

Konjunktiv II: Vermutungen
Alles **könnte** gefälscht **sein**.
≈ Es wäre möglich, dass alles gefälscht ist.

ins Wasser fallen ★ in den falschen Zug steigen ★ der Kellner / unsympathisch sein ★ keinen Liegestuhl bekommen ★ die falschen Medikamente bekommen ★ sein Internet / ausfallen ★ eine Hautkrankheit bekommen ★ das Essen / zu teuer sein ★ ...

1 Im Schwimmbad könnte er ins Wasser fallen. Er ...
2 Auf dem Bahnhof ...

E2 Da bin ich nicht ganz sicher ... AB 18–19

Das Video **dürfte** echt **sein**.

a **Lies die Sätze (1–5). In welchen Sätzen ist die Sprecherin / der Sprecher sicher, dass sie/er recht hat? In welchen Sätzen ist sie/er nicht so sicher? Ordne zu.**

(A) sicher
(B) nicht so sicher.

1 (A) Das Video muss gefälscht sein.
2 (?) Sie könnten im Wasser eine Laufbahn gebaut haben.
3 (?) Jemand dürfte das Video mit dem Computer verändert haben.
4 (?) Die Aufnahme müsste echt sein.
5 (?) Das Video kann nicht echt sein.

Konjunktiv II: Vermutungen
Das Video **dürfte** echt **sein**.
≈ Es ist sehr wahrscheinlich, dass das Video echt ist.
Die Aufnahme **müsste** echt **sein**.
≈ Ich bin ziemlich sicher, dass die Aufnahme echt ist.

b **Sieh die Fotos genau an und ordne zu. Schreib Sätze wie im Beispiel. Hör dann zu und vergleiche.** 2/14

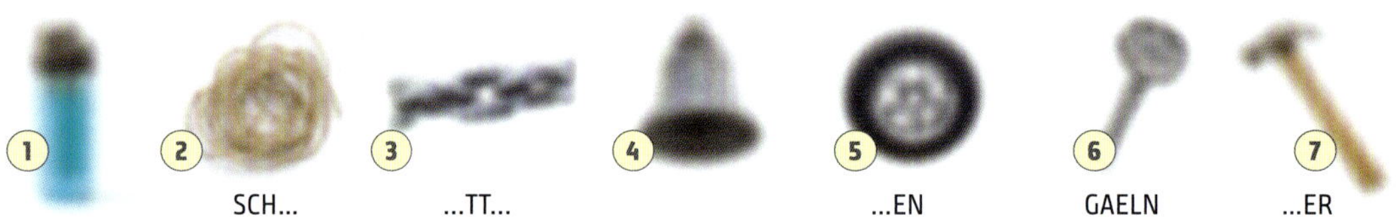

1, 2 SCH..., 3 ...TT..., 4, 5 ...EN, 6 GAELN, 7 ...ER

• Kette ★ • Reifen ★ • Nagel ★ • Feuerzeug ★ • Glocke ★ • Schnur ★ • Hammer

Nummer 4 dürfte eine Glocke sein.

	Wahrscheinlichkeit
Das **könnte** ein Hund **sein**.	+
Das **dürfte** ein Hund **sein**.	+ +
Das **müsste** ein Hund **sein**.	+ + +

c **Zeichnet Gegenstände. Deckt einen Teil der Zeichnung mit Papier ab. Eure Partnerin / Euer Partner errät die Gegenstände.**

• Kuh ★ • Badehose ★ • Birne ★ • Schere ★ • Stiefel ★ • Wolke ★ • Bein ★ • Pflaster ★ • Mülleimer ★ • Wecker ★ ...

Das könnte eine Kuh sein.

E3 Was man so liest und hört ... AB 20

Ich habe gehört, es **soll** sogar ganz einfach **sein**.

Lies die Schlagzeilen und schreib Sätze. Spielt dann das Kettenspiel. *Spielregeln: S. 75*

Schule verkauft Sportplatz
Bürgermeister im Gefängnis
Wetter morgen wieder schlechter

Ich habe gelesen, die Schule soll ...
Ich habe gehört, ...

sollen
Das Video **soll** eine Fälschung **sein**.
≈ Das habe ich gehört oder gelesen. Ich weiß aber nicht, ob die Information stimmt.

AB 21–23

⊕1 Seltsame Sätze

a Könnt ihr Situationen finden, die für die Sätze (1–8) passen? Für welchen Satz gibt es keine passende Situation?

1 Wenn wir ruhiger wären, wäre er nicht so laut.
2 Sie dürfte Zwillingsschwestern haben, die ein Jahr älter sind.
3 Ruf Ruth an, ihr Freund soll Arzt sein.
4 Wenn es nicht so hart wäre, wäre es weich genug.
5 Er hat gerade gesagt, dass es gerade sein dürfte.
6 Wenn ich Freunde hätte, hätte ich keine Freunde.
7 Es wäre gut, wenn ich hier wäre.
8 Wenn ich hätte, was ich ihm gegeben habe, wäre ich glücklicher.

Vielleicht ist bei Satz 1 ein Baby aufgewacht und schreit ...

... ja, weil die Erwachsenen zu laut waren.

b Vergleicht eure Ideen in der Klasse und auch mit der Lösung auf Seite 79.

⊕2 Eine dumme Geschichte ...

a Lies Yvettes Nachricht und beantworte die Fragen (1–5).

schlaufuchs12
Eh klar, dass du am Schulkiosk alles gratis bekommst! Leon ist dein Cousin, und Leons Vater ist der Kioskbesitzer. Total unfair!

Yvette

Hallo Laura, hast du diesen blöden Post auch gelesen? Leons Vater würde mir am Kiosk nie etwas schenken. Wer ist „schlaufuchs12"? Wer könnte so einen Unsinn erfinden? Es muss eine Person sein, die mich nicht mag. Wenn ich wüsste, wer solche Geschichten erzählt, würde ich diesen Leuten meine Meinung sagen.
Es stimmt, dass ich am Kiosk manchmal nichts bezahle. Aber nur deshalb, weil ich so oft mein Bargeld vergesse. Aber ich habe immer noch alles bezahlt. Eigentlich müsste das jeder wissen. Was soll ich tun? Soll ich auch eine Nachricht an alle schreiben „Wer erzählt dumme Geschichten über mich?" Was würdest du an meiner Stelle tun? Die Sache stört mich wirklich sehr. Bitte hilf mir! Deine Yvette

1 Wer ist Leon?
2 Was stört Yvette?
3 Warum hat sie am Kiosk manchmal kein Geld?
4 Was möchte sie machen?
5 Was will sie von Laura?

b Schreib Lauras Antwort auf Yvettes Nachricht.

Liebe Yvette,
ich habe ... noch nicht / auch gelesen.
... dürfte / könnte die Geschichte erzählen.
Wenn die Geschichte wahr wäre, ...
An deiner Stelle würde ich ...
Du könntest aber auch ...
Liebe Grüße

AB 24–29

LL1 Fakten und Beispiele

a **Lies und hör die Aussagen im Onlineforum. Was haben die Personen bei der Umfrage wohl angekreuzt?** 2/15

www.jugend-spezial.de/informationen

Eure Meinung zählt – Das Onlineforum für Jugendliche
Unser Thema heute: Wo informiert ihr euch?

Hallo Leute! Heute wollen wir wissen, wo und wie ihr euch über das Tagesgeschehen informiert. Lest ihr noch Zeitungen oder seid ihr nur noch online unterwegs? Macht bei unserer Umfrage mit und schickt uns eure Kommentare.

▶ zur Umfrage

Ich informiere mich vor allem …
im Internet: 75 %
aus anderen Quellen (Zeitungen, Radio …): 25 %

Alson Klar lese ich noch Zeitungen. Nicht jeden Tag, aber meine Eltern haben eine Tageszeitung und ein Wochenmagazin abonniert. Wenn ich mich dort nicht informieren würde, müsste ich mit dem zufrieden sein, was ich im Netz finde. Und das ist mir zu wenig.

Sanny Ich sag's, wie es ist: Ich interessiere mich nicht besonders für das, was in Zeitungen steht. Aber ich mag Damir. ❤❤ Ich sehe mir alle seine Videos online an und finde ihn echt cool. Er spricht auch über Themen, mit denen ich mich sonst nicht so sehr beschäftige: Politik, Jugendarbeitslosigkeit, Wohnprobleme …

Tovi Wozu noch Zeitungen? Man findet sowieso alles im Netz, und das auch noch gratis. Außerdem dürfen dort auch Menschen ihre Meinung sagen, denen man sonst nicht zuhört.

EmnetPro Genau das ist das Problem! Es gibt oft gute Gründe, dass man jemandem nicht zuhört. Zum Beispiel, wenn die Person nicht die Wahrheit sagt. Ich hole mir meine Informationen auch aus dem Internet, aber nur von Seiten, denen ich vertraue. Das sind für mich immer noch die Seiten von großen Zeitungen und Fernsehsendern.

Poodu Hört von euch niemand mehr Radio? Wenn ich nicht mit den Morgennachrichten aus dem Radio in den Tag starten würde, würde mir etwas fehlen.

b **Wer sagt was? Lies die Aussagen im Forum noch einmal und ergänze die Nicknamen aus a.**

1 ? beginnt jeden Tag mit einer Nachrichtensendung.
2 ? findet im Internet nicht genug Informationen.
3 ? prüft genau, wem man im Internet vertrauen kann.
4 ? folgt einem Influencer im Internet.
5 ? findet es gut, dass Meinungen im Internet nicht kontrolliert werden.

c **Was ist richtig? Hör das Interview zum Thema Influencer mit der Medienexpertin Frau Dr. Berger.** 2/16

1 ? Fast alle Jugendlichen folgen einem Influencer oder einer Influencerin.
2 ? Vor allem ältere Jugendliche mögen Influencer.
3 ? Jugendliche lernen etwas über sich selbst, wenn sie Influencern folgen.
4 ? Jugendliche denken oft, sie müssen tun, was der Influencer / die Influencerin empfiehlt.
5 ? Influencer müssen ihre eigenen Videos kritischer sehen.

LL2 Und jetzt du!

Beantwortet die Fragen, macht Notizen und berichtet in der Klasse.

1 Informiert ihr euch online oder aus anderen Quellen? Macht eine Umfrage in der Klasse.
2 Welche Influencer oder Influencerinnen kennt ihr? Was findet ihr an ihnen gut oder weniger gut? Diskutiert in der Klasse.
3 Seht ein Influencer-Video an. Wie versucht der Influencer oder die Influencerin, Follower zu bekommen? Für welche Produkte wird Werbung gemacht? Welche Meinungen werden im Video transportiert?

P1 Sammelt Ideen und Informationen.

a **Sammelt die Namen von bekannten oder berühmten Paaren. Sie können Freunde, Feinde, Liebespaare, Comicfiguren, Superhelden, historische Figuren, berühmte Ehepaare usw. sein.**

Adam und Eva, Tarzan und Jane, Darth Vader und Luke Skywalker, Romeo und Julia, Gretchen und Faust, Homer und Marge Simpson, Batman und Robin, Die Schöne und das Biest, Cäsar und Kleopatra, Barbie und Ken, Hänsel und Gretel ...

b **Sammelt Bilder und Informationen zu euren Paaren.**

Gretchen und Faust

Vor über 200 Jahren schrieb Johann Wolfgang von Goethe sein berühmtes Theaterstück „Faust". Faust ist mit seinem Leben nicht zufrieden. Da bietet ihm der Teufel seine Hilfe an. Er führt Faust zu Gretchen, einer jungen schönen Frau. Faust und Gretchen verlieben sich ineinander, und Gretchen erwartet bald darauf ein Kind. Doch in einem Streit tötet Faust Gretchens Bruder Valentin. Gretchen ist verzweifelt. Nach der Geburt tötet sie ihr eigenes Kind und stirbt. Als Faust davon erfährt, ist er noch unglücklicher als zu Beginn des Stückes.

c **Wählt in der Gruppe zwei oder drei Paare aus. Schreibt dann Texte aus der Sicht der Personen. Ihr dürft aber nicht die Namen nennen.**

Ich bin eine junge Frau. Ich lebe mit meinem Bruder und meiner Mutter in einer kleinen Stadt in Deutschland. Ich habe lange blonde Haare und blaue Augen. Ich bin nicht sehr groß, vielleicht 1,63 Meter. Vor einigen Tagen habe ich einen Mann kennengelernt.

Ich komme aus Deutschland. Ich bin Wissenschaftler. Ich habe genug Geld, aber ich bin mit meinem Leben nicht zufrieden. Deshalb ...

d **Sammelt Fotos, die zu den Personen passen.**

Klebt die Texte und die Fotos auf verschiedene Kartonkärtchen und nummeriert sie. Hängt die Texte und die Fotos dann an verschiedenen Stellen des Klassenzimmers auf.

P2 Das Spiel

Lest die Texte an den Wänden des Klassenzimmers und seht die Fotos an. Findet die Personen und die Fotos, die zusammengehören. Macht Notizen und vergleicht dann in der Klasse.

1

„Batman: Return of the Caped Crusaders" ist ein US-amerikanische Superhelden-Animationsfilm aus dem Jahr 2016. Basierend auf der Batman-TV-Serie aus den 1960er-Jahren spielen Adam West, Burt Ward und Julie Newmar die Hauptrollen in ihren Rollen von Batman, Robin und Catwoman aus der Serie.

2

FILM

Schau den Film **Gemeinsamkeiten und Unterschiede** an und lös die Aufgaben auf Seite 72.

GRAMMATIK 29+30

FINDE DIE Sprechblasen-Sätze IN DEN LEKTIONEN 29 UND 30.

G1 Verb

a *sollen*: subjektiv berichten

Das Video **soll** eine Fälschung **sein**.

= Das habe ich gehört oder gelesen.
Ich weiß aber nicht, ob die Information stimmt.

> Ich habe gehört, es **soll** ganz einfach **sein**.

S. 62

b Gebrauch Konjunktiv II der Gegenwart

· Irreale Bedingungen

Realität:
Ich habe kein Moped.
Ich komme zu spät zur Schule.

Spekulation (= nicht real):
Wenn ich ein Moped **hätte**, **würde** ich pünktlich zur Schule **kommen**.

> **Wenn** es klare Beweise **gäbe**, **wäre** die Verschwörungstheorie keine Verschwörungstheorie mehr.

S. 58

· Irreale Wunschsätze

Hätte ich doch nur ein Moped!

· Vermutungen

	Wahrscheinlichkeit
Das **könnte** ein Hund **sein**.	⊕
Das **dürfte** ein Hund **sein**.	⊕⊕
Das **müsste** ein Hund **sein**.	⊕⊕⊕

> Alles **könnte** gefälscht **sein**.

S. 62

G2 Nomen und Pronomen, Präpositionen

Reziprokpronomen: *sich* und *einander*

♀ ← ♂	Er sieht sie.	Er tanzt **mit** ihr.
♀ → ♂	Sie sieht ihn.	Sie tanzt **mit** ihm.
♀ ↔ ♂	Sie sehen **sich**. (*selten*: einander)	Sie tanzen ~~mit sich~~ **miteinander**.

> Ihr passt so gut **zueinander**.

! Verben mit Präpositionen + **einander**

S. 54

G3 Adjektiv

Adjektivendungen Singular ohne Artikelwort

Adjektivendungen Singular

Singularregel 2 (Ergänzung)
ohne Artikel → Endungen wie nach *ein*:
z. B. **ein** rund**es** Gesicht – rund**es** Gesicht

! Singularregel 3:
ohne Artikel (Dativ) → •• **-em**, • **-er**
z. B. aus kariert**em** • Stoff, aus gut**em** • Material, aus rot**er** • Wolle

Wer ist das?
breiter Mund –
schmales Gesicht –
spitze Nase

> Gestern trugen sie zum Beispiel beide einen dicken Pullover aus bunt**er** Wolle und Kappen aus kariert**em** Stoff.

S. 52

G4 Satz

Relativsätze (Relativpronomen im Akkusativ, Dativ und mit Präpositionen)

	Akkusativ	Dativ	mit Präposition
Das ist der • Mann, ...	**den** wir ... besuchen.	**dem** ich ... erkläre.	**für den** ich ... suche.
Das ist das • Kind, ...	**das** wir ... besuchen.	**dem** ich ... erkläre.	**für das** ich ... suche.
Das ist die • Frau, ...	**die** wir ... besuchen.	**der** ich ... erkläre.	**für die** ich ... suche.
Das sind die • Männer, ... • Kinder, ... • Frauen, ...	**die** wir ... besuchen.	**denen** ich ... erkläre.	**für die** ich ... suche.

Alles hat ihn gestört: Der Bus, **mit dem** wir ins Hotel gefahren sind, ...

S. 51, 54

29+30 REDEMITTEL

Personen beschreiben und vergleichen L29, S. 52

Julia hat eine sportliche Figur.
Er hat ein schmales Gesicht mit Sommersprossen.
Ich kenne ihn als netten/rücksichtsvollen ... Menschen.
Mark und Albin sehen sich sehr ähnlich. Beide haben ...
Er hat genauso blonde Haare.

über Beziehungen sprechen L29, S. 53

Sie lernten sich mit 16 Jahren kennen.
Sie verliebten sich ineinander.
Sie verlobten sich, und dann heirateten sie.
Zehn Jahre später ließen sie sich scheiden.

über störende Dinge sprechen und widersprechen L29, S. 54

- ○ Es war schrecklich!
- ◆ Stört dich das wirklich?
- ○ Die Kostüme waren scheußlich!
- ◆ Mir haben sie gefallen. / Mir gefällt das.
- ○ Die Karten waren zu teuer!
- ◆ Das macht doch nichts. / Das ist doch nicht so schlimm.

über Probleme und Ursachen sprechen L30, S. 56

Früher dachte man, dass ... die Ursache für ... ist.
Heute weiß man, dass ...
Manche Menschen glauben auch noch heute, dass ...

Irreales ausdrücken L30, S. 59

Wenn ich 100 € bekommen würde, dann würde ich ...

etwas vermuten L30, S. 56, 59, 60

Ich glaube, ...
Ich nehme an, ...
Ich vermute, ...
Wahrscheinlich ...
Vielleicht ...
... eventuell ...

Wahrscheinlichkeit ausdrücken L30, S. 62

Das Video könnte/dürfte/müsste echt sein.

Informationen weitergeben L30, S. 62

Ich habe gehört/gelesen, die Schule soll den Sportplatz verkaufen.
Das Video soll eine Fälschung sein.

E2 Der Unfall im Park 25

c **Was hat Toni über den Unfall gesagt? Was hat die Hundebesitzerin gesagt? Schreib Nebensätze mit *dass* wie im Beispiel.**

Toni hat gesagt, dass er auf dem Radweg gefahren ist. …
Die Hundebesitzerin hat gesagt, dass …

Toni
1 „Ich bin auf dem Radweg gefahren!"
2 „Der Hund ist frei auf der Wiese herumgelaufen."
3 „Der Kinderwagen hat auf dem Radweg gestanden."
4 „Der Kinderwagen war leer."
5 „Niemand hat mir geholfen."

Hundebesitzerin
A „Jemand hat dem Radfahrer geholfen."
B „Der Kinderwagen hat auf dem Gehweg gestanden."
C „Im Kinderwagen war ein Baby."
D „Mein Hund war an der Leine."
E „Der Radfahrer ist auf dem Gehweg gefahren."

d **Ordnet Tonis Aussagen (1–5) den Aussagen der Hundebesitzerin (A–E) zu und macht Dialoge wie im Beispiel. Wem glaubt ihr?**

○ Toni hat gesagt, dass er auf dem Radweg gefahren ist.
◆ Aber die Hundebesitzerin hat gesagt, dass Toni auf dem Gehweg gefahren ist.

B2 Memes: Humor im Internet 26

c **Lies die zwei Beschreibungen (A, B). Zu welchem Meme in B2a und zu welchem Witz in B1b passen sie? Ergänze auch die richtigen Präpositionen und Artikel.**

über dem ★ von ★ ~~auf einer~~ ★ im ★ vor dem ★ in das ★ durch die ★ auf der

für die ★ auf ihre ★ neben der ★ in ihre ★ in einem ★ aus ihren

A Man sieht zwei Rennautos 1 *auf einer* Rennstrecke: 2 (?) rechten Seite ein rotes Auto, links ein blaues. Gerade noch war das rote Auto 3 (?) blauen Rennauto, da ist das blaue 4 (?) hinten 5 (?) rote Auto hinein gekracht. Dabei hat das rote Auto ein Hinterrad verloren. Man sieht das Rad 6 (?) Luft fliegen, knapp 7 (?) Kopf des Rennfahrers 8 (?) blauen Auto.
Meme (?)

B Eine Frau sitzt 1 (?) Flugzeug. Sie sieht unglücklich aus. 2 (?) Frau steht die Stewardess. Die Frau zeigt 3 (?) Ohren. Sie hat sich zwei Kaugummis 4 (?) Ohren gesteckt und kann sie nicht mehr 5 (?) Ohren herausnehmen. Die Stewardess hatte den Passagieren gesagt: „Die Kaugummis sind gut 6 (?) Ohren."
Witz (?)

C2 Und jetzt du! 27

b **Berufe raten: Was müssen die Personen können? Was brauchen sie nicht zu können? Schreib Sätze wie im Beispiel. Ordne dann die richtigen Berufe zu.**

Erzieher im Kindergarten ★ ~~Pilotin~~ ★ Ärztin ★ Bauarbeiter ★ Model ★ Mechatroniker

Um in meinem Beruf gut zu sein, …
1 schnell reagieren
2 Maschinen bedienen
3 auf mein Aussehen achten
4 Kinder mögen
5 alles über den menschlichen Körper wissen
6 Maschinen und Computer reparieren

Ich brauche kein/keine/nicht … zu …
stark sein
Pläne zeichnen
lange Texte schreiben
perfekt Klavier spielen
tanzen können
ein Publikum unterhalten

Was bin ich?
1 Um in meinem Beruf gut zu sein, muss ich schnell reagieren. Ich brauche aber nicht sehr stark zu sein.
→ Pilotin
2 …

C1 Was muss getan werden? 28

d Schreibt Sätze im Passiv wie im Beispiel. Zu welchen Projekten passen die Sätze?

Biologie ★ Deutsch ★ ~~Mathe~~ ★ Erdkunde ★ Musik

1 Rechenhefte kaufen, Schulpläne von der Direktorin ausleihen
2 Krimi erfinden, Text schreiben, Schauspieler finden
3 Musikstücke auswählen und einüben, Reise organisieren
4 Politiker interviewen, Informationen über Umweltprobleme sammeln
5 Sehenswürdigkeiten fotografieren, Texte für die Broschüre schreiben

1 Rechenhefte müssen gekauft werden. Schulpläne müssen von der Direktorin ausgehliehen werden. → Projekt: Mathe
2 ...

E2 Der Nörgler: Über alles beschwert er sich ... 29

d Was stört den Nörgler im Supermarkt und auf dem Campingplatz? Ordne zu.

Im Supermarkt
1 Die langsame Brotverkäuferin,
2 Die Sonderangebote,
3 Die Frau vor ihm an der Kasse,
4 Die Supermarktmusik,

Auf dem Campingplatz
5 Die Duschen und Toiletten,
6 Die Nachbarn,
7 Der Stellplatz,
8 Das Campingplatzgeschäft,

A von der er Kopfschmerzen bekommen hat.
B die ihre Kreditkarte nicht finden konnte.
C die nur einmal am Tag geputzt werden.
D in dem alles teurer als im Supermarkt ist.
E die unfreundlich waren.
F von denen es kein Einziges mehr gegeben hat.
G auf den den ganzen Tag die Sonne scheint.
H bei der er sehr lange warten musste.

1 – H

e Macht Dialoge wie im Beispiel.

- Heute war ich im Supermarkt. Es war schrecklich.
- Warum?
- Ich habe bei der Brotverkäuferin sehr lange warten müssen, weil sie so langsam war.

- Im Sommer war ich auf einem Campingplatz. Es war ...
- ...

B3 Was müsste passieren, damit ...? 30

b Ordne die Fragen und Antworten zu.

Was müsste passieren, damit ...
1 du ein Jahr lang keine Schokolade isst?
2 du bei einem Mountainbike-Rennen mitfährst?
3 du versuchst, von Frankreich nach England zu schwimmen?
4 du dir eine Schlange um den Hals legst?
5 du Heuschrecken isst?
6 damit du von zehn Metern Höhe ins Wasser springst?

... dann würde ich vielleicht ...
A Wenn ich vor einem Löwen davonlaufen würde und keine Wahl hätte, ...
B Wenn ich viel Ketchup dazu nehmen könnte, ...
C Wenn du mit mir mitschwimmen würdest, ...
D Wenn die Schlange ein Stofftier wäre, ...
E Wenn ich einen Job in einer Schokoladenfabrik hätte, ...
F Wenn ich wirklich gut Mountainbiken könnte, ...

1 – E

c Macht Dialoge wie im Beispiel.

- Was müsste passieren, damit du ein Jahr lang keine Schokolade isst?
- Wenn ich einen Job in einer Schokoladenfabrik hätte, dann würde ich vielleicht keine Schokolade mehr essen.

FILM 25+26 Fremde Sprachen – Dialekte

Lerne Julia und Tim kennen. ▶ Trailer

1a Hallo! Welche Begrüßungen kennt ihr auf Deutsch? Wisst ihr, in welcher Region man sie benutzt? Seht dann Teil 1 des Films an. Wie begrüßen sich Tim und Julia? ▶ Teil 1

Hallo. ★ Grüezi. ★ Moin Moin. ★ Grüß Gott. ★ Servus. ★ Juten Morjen. ★ ...

„Hallo" sagt man glaube ich überall.
Ja, das denke ich auch. In der Schweiz ...
... habe ich noch nie gehört.

b Was passt? Sieh Teil 1 des Films noch einmal an und verbinde. ▶ Teil 1

1. „Moin Moin"
2. Julia
3. Tim
4. Fast überall in den deutschsprachigen Ländern
5. In Hannover

a. wohnt in Hamburg.
b. spricht man ohne Dialekt.
c. kommt aus Köln.
d. kann man zu jeder Uhrzeit sagen.
e. spricht man im Dialekt.

c Kennt ihr noch andere Wörter im Dialekt? Wo spricht man sie? Sammelt und sprecht in der Klasse.

2a Könnt ihr mich gut verstehen? Sieh Teil 2 des Films an. Wo spricht man wie? Ergänze die Tabelle. Ordne auch die Fotos zu. ▶ Teil 2a

A

B

C

D

~~Juten Tach auch.~~ ★ Stuttgart ★ Servus. ★ Ade. ★ Berlin ★ Semmerl

Stadt	Begrüßung	Verabschiedung		Foto
Hannover	Hallo!	Auf Wiedersehen!	Brötchen	A
?	Juten Tach auch!	Tschüss.	Brötschen	?
Wien	?	Baba.	?	?
?	Gude Dag.	?	Weckle	?

b Erkennst du den Dialekt? Schließ die Augen und hör den Film noch einmal in anderer Reihenfolge. Woher kommen die Personen? Sieh dann den Film an. War deine Vermutung richtig? ▶ Teil 2b

3 Interview mit einer Sprachforscherin. Lies die Sätze und ergänze die Verben im Präteritum. Was meinst du, was ist richtig? Sieh dann Teil 3 des Films an und vergleiche. ▶ Teil 3

1. ? Auf dem Land wird mehr Dialekt gesprochen als in der Stadt.
2. ? Früher ? mehr Menschen Dialekt. *(sprechen)*
3. ? Früher ? man mit Dialekt, dass man Bildung ?. *(zeigen, haben)*
4. ? Früher ? man Dialekt in der Schule. *(unterrichten)*
5. ? Die meisten Menschen fühlen sich in ihrem Dialekt zu Hause.

> ℹ Bildung ≈ Wissen, vor allem aus Schule/Universität/Büchern usw.

4 Sprecht ihr Dialekt? Seht Teil 4 des Films an. Was bedeutet Dialektsprechen für euch? Wie war es früher, wie ist es heute? Fragt und antwortet. ▶ Teil 4

Ich spreche mit meiner Familie/in der Schule ... Dialekt.
(Immer) Wenn ich Dialekt höre/spreche, fühle ich mich ...

Als ich in die Schule kam/umgezogen bin, ...

Heute ...

1a **Die Umwelt schützen. Seht die Fotos an. Was tun Tim und Julia? Was ist daran schlecht für die Umwelt? Was könnten sie besser machen? Was meint ihr? Sprecht in der Klasse.**

Ich glaube, Julia hat vielleicht Essen bestellt. Statt Essen zu bestellen, könnte sie ...

Ich denke, Tim wirft seinen Müll auf den Boden.

Nein, ich glaube, er ...

b **Seht Teil 1 des Films an. Stimmen eure Vermutungen?** ▶ Teil 1

2a **Müll reduzieren. Welche Tipps haben Tim und Julia? Sieh Teil 2 des Films an. Ordne zu und schreib Sätze mit *statt ... zu* und *ohne ... zu*.** ▶ Teil 2

1 *(statt)* To-go-Becher verwenden
2 Mehrwegbecher abwaschen können
3 *(statt)* Plastiktüte verwenden
4 *(statt)* Wasser in Flaschen kaufen
5 Wasser trinken

a Leitungswasser trinken können
b Stofftasche nehmen sollen
c Mehrwegbecher benutzen können
d *(ohne)* Geld dafür ausgeben müssen
e *(statt)* ihn einfach wegwerfen

1c Statt einen To-Go-Becher zu verwenden, kann man einen Mehrwegbecher benutzen.

b **Hast du gut aufgepasst? Ergänze die Fragewörter mit *wo-*. Welche Antwort ist richtig? Seht dann Teil 2 des Films noch einmal und vergleicht in der Klasse.** ▶ Teil 2

1 Woran geht Tim am Anfang des Films vorbei? An einer ? Löwenstatue. ? Pferdestatue. ? Bushaltestelle.
2 ? reinigt Tim seinen Mehrwegkaffeebecher? Mit ? Spülmittel. ? Wasser. ? dem Geschirrspüler.
3 ? ist die erste Einkaufstüte gemacht? Aus ? Stoff. ? Papier. ? Plastik.
4 ? werden Tüten oft nur einmal verwendet? Zum ? Mülltrennen. ? Einkaufen. ? Reisen.
5 ? verwendet Julia die Tasche? Für ? Müll. ? Obst. ? Gemüse.
6 ? geben viele Leute Geld aus? Für ? Plastiktüten. ? Leitungswasser. ? Wasser in Flaschen.

3a **Müll trennen. Ergänze die Verben in der richtigen Form.**

1 ? In Deutschland muss Müll in fünf verschiedene Tonnen sortiert ?. *(sortieren müssen)*
2 ? Plastikverpackungen und Dosen ? in dieselbe Tonne ? ?. *(werfen dürfen)*
3 ? Abfälle aus dem Garten ? an einen speziellen Ort ? ?. (bringen müssen)
4 ? Mehrwegflaschen ? im Supermarkt ? ?. *(zurückgeben können)*
5 ? Umweltschädlicher Müll wie Batterien ? in die Restmülltonne ? ?. *(tun sollen)*

b **Sieh Teil 3 des Films an und lies die Sätze in a noch einmal. Was ist richtig? Korrigiere auch die falschen Sätze.** ▶ Teil 3

4 **Wie wird in eurem Land Müll gesammelt? Was tut ihr, um weniger Müll zu produzieren? Was könnte noch getan werden? Berichtet dann in der Klasse.**

Was tust du, um weniger Müll zu produzieren?

Ich versuche, weniger im Internet zu bestellen. Da gibt es nämlich immer viel Verpackung.

In meinem Land / Hier / Bei uns ... funktioniert Mülltrennung ähnlich wie / anders als ...
Bei meinen Freunden / In unserer Schule ... sehe ich jeden Tag ... / kann ich gut beobachten ...
Ich finde Mülltrennung ... / Ich persönlich ... / Für mich ist klar / wichtig, dass ...

FILM 29+30 — Gemeinsamkeiten und Unterschiede

1a **Lest die Aussagen. Stimmt ihr den Aussagen zu? Warum (nicht)? Diskutiert in der Klasse.**

1 In Freundschaften und Beziehungen suche ich Menschen, die mir ähnlich sind.
2 Ich möchte jemanden kennenlernen, mit dem ich alles teilen kann.
3 Man sollte nicht wegen Kleinigkeiten miteinander streiten.

b **Serien schauen. Sieh Teil 1 des Films an. Was ist richtig?** ▶ Teil 1

1 Julia ist müde, weil sie gestern Nacht (?) nicht schlafen konnte. (?) eine Serie geguckt hat. (?) Streit hatte.
2 Ein „Serienfreak" ist eine Person, die (?) oft (?) nie (?) seltsame Serien sieht.
3 In Deutschland schauen (?) 10 % (?) 25 % (?) 90 % sehr häufig Serien.
4 In Deutschland schauen (?) 10 % (?) 25 % (?) 90 % nie Serien.

2a **Das Interview. Seht Teil 2 des Films an. Schauen Lisa und Alex gern Serien? Warum ist Lisa kurz sauer?** ▶ Teil 2

b **Wer sagt was? Sieh Teil 2 des Films noch einmal an. Schreib L für Lisa und A für Alex. Eine Aussage ist von Julia (J), welche?** ▶ Teil 2

1 (?) möchte die Tablets in den Urlaub mitnehmen.
2 (?) mag das riesige Serienangebot.
3 (?) findet, gemeinsam Serien zu schauen, ist gut für Beziehungen.
4 (?) findet, sie sollten weniger Serien schauen.
5 (?) will im Urlaub keine Serien schauen.
6 (?) findet Serienschauen gemütlich.

3a **Bei Alex und Lisa. Sieh das Foto an. Was meinst du? Was wird als Nächstes passieren?**

sich streiten ★ sich verzeihen ★ gemeinsam Serien schauen ★ zu Hause bleiben ★ sich entschuldigen ★ ausgehen ★ ...

Anscheinend ist Lisa beleidigt. Wahrscheinlich werden sie miteinander streiten.

Nein, ich habe den Eindruck, dass sie einfach miteinander diskutieren.

Ich vermute, dass Lisa und Alex gemeinsam eine Serie aussuchen.

b **Waren eure Vermutungen richtig? Seht Teil 3 des Films an und vergleicht.** ▶ Teil 3

c **Schreib die Sätze in Klammern als Relativsätze. Bring die Sätze in die richtige Reihenfolge und sieh dann Teil 3 noch einmal.** ▶ Teil 3

1 (1) Alex entschuldigt sich bei Lisa, der er vorschlägt, die Tablets mitzunehmen.
*(Er schlägt **ihr** vor, die Tablets mitzunehmen.)*
2 (?) Lisa sucht nach Clubs und Kneipen, [?]. *(Sie können im Urlaub **in die Clubs und Kneipen** gehen.)*
3 (?) Lisa beruhigt Alex, [?]. *(Sie ist **ihm** nicht böse.)*
4 (?) Lisa, [?], möchte eine Superhelden-Serie schauen. *(**Ihr** gefallen Fantasy-Serien nicht so gut.)*
5 (?) Lisa und Alex wünschen sich beide einen Urlaub, [?]. *(Sie können **ihn** genießen.)*

4 **Seid ihr Serienfreaks? Seht Teil 4 des Films an. Wie oft und wie gern seht ihr Serien? Mit wem seht ihr Serien und warum? Stimmt ihr Julia zu, dass gemeinsame Erlebnisse wichtiger sind als unterschiedliche Meinungen?** ▶ Teil 4

Ich verbringe viel/sehr wenig Zeit/ein paar Stunden in der Woche ... mit Serienschauen.
Für mich sind Serien wichtig/egal/(un)interessant ..., weil ...
Ich möchte nur mit Menschen Serien schauen, denen dieselben Serien gefallen.

abbiegen (er/sie biegt ab, bog ab, ist abgebogen)
abhängen (er/sie hängt ab, hing ab, ist abgehangen)
abnehmen (er/sie nimmt ab, nahm ab, hat abgenommen)
anfangen (er/sie fängt an, fing an, hat angefangen)
annehmen (er/sie nimmt an, nahm an, hat angenommen)
anrufen (er/sie ruft an, rief an, hat angerufen)
aufstehen (er/sie steht auf, stand auf, ist aufgestanden)
ausgehen (er/sie geht aus, ging aus, ist ausgegangen)
ausschließen (er/sie schließt aus, schloss aus, hat ausgeschlossen)
aussehen (er/sie sieht aus, sah aus, hat ausgesehen)
backen (er/sie backt, buk, hat gebacken)
beginnen (er/sie beginnt, begann, hat begonnen)
beißen (er/sie beißt, biss, hat gebissen)
behalten (er/sie behält, behielt, hat behalten)
bekommen (er/sie bekommt, bekam, hat bekommen)
beschließen (er/sie beschließt, beschloss, hat beschlossen)
bestehen (er/sie besteht, bestand, hat bestanden)
betragen (es beträgt, betrug, hat betragen)
betrügen (er/sie betrügt, betrog, hat betrogen)
beweisen (er/sie beweist, bewies, hat bewiesen)
bewerben (sich) (er/sie bewirbt sich, bewarb sich, hat sich beworben)
bieten (er/sie bietet, bot, hat geboten)
binden (er/sie bindet, band, hat gebunden)
bleiben (er/sie bleibt, blieb, ist geblieben)
braten (er/sie brät, briet, hat gebraten)
brechen (er/sie bricht, brach, hat gebrochen)
brennen (er/sie brennt, brannte, hat gebrannt)
bringen (er/sie bringt, brachte, hat gebracht)
denken (er/sie denkt, dachte, hat gedacht)
dürfen (er/sie darf, durfte, hat gedurft)
einladen (er/sie lädt ein, lud ein, hat eingeladen)
einziehen (er/sie zieht ein, zog ein, ist eingezogen)
enthalten (er/sie enthält, enthielt, hat enthalten)
entscheiden (er/sie entscheidet, entschied, hat entschieden)
entstehen (er/sie entsteht, entstand, ist entstanden)
erfinden (er/sie erfindet, erfand, hat erfunden)
erscheinen (er/sie erscheint, erschien, ist erschienen)
erziehen (er/sie erzieht, erzog, hat erzogen)
essen (er/sie isst, aß, hat gegessen)
fahren (er/sie fährt, fuhr, ist gefahren)
fallen (er/sie fällt, fiel, ist gefallen)
festhalten (er/sie hält fest, hielt fest, hat festgehalten)
feststellen (er/sie stellt fest, stellte fest, hat festgestellt)
finden (er/sie findet, fand, hat gefunden)
fliegen (er/sie fliegt, flog, ist geflogen)
fressen (er/sie frisst, fraß, hat gefressen)
frieren (er/sie friert, fror, hat gefroren)
geben (er/sie gibt, gab, hat gegeben)
gefallen (er/sie gefällt, gefiel, hat gefallen)
gehen (er/sie geht, ging, ist gegangen)
gelingen (er/sie gelingt, gelang, ist gelungen)
gelten (er/sie gilt, galt, hat gegolten)
genießen (er/sie genießt, genoss, hat genossen)
geschehen (es geschieht, geschah, ist geschehen)
gewinnen (er/sie gewinnt, gewann, hat gewonnen)
haben (er/sie hat, hatte, hat gehabt)
halten (er/sie hält, hielt, hat gehalten)
hängen (er/sie hängt, hing, gehangen)
heißen (er/sie heißt, hieß, hat geheißen)
helfen (er/sie hilft, half, hat geholfen)
kennen (er/sie kennt, kannte, hat gekannt)
kommen (er/sie kommt, kam, ist gekommen)
können (er/sie kann, konnte, hat gekonnt)
lassen (er/sie lässt, ließ, hat gelassen)
laufen (er/sie läuft, lief, ist gelaufen)
leihen (er/sie leiht, lieh, hat geliehen)
lesen (er/sie liest, las, hat gelesen)
liegen (er/sie liegt, lag, hat gelegen)
lügen (er/sie lügt, log, hat gelogen)
messen (er/sie misst, maß, hat gemessen)
mögen (er/sie mag, mochte, hat gemocht)
müssen (er/sie muss, musste, hat gemusst)
nehmen (er/sie nimmt, nahm, hat genommen)
nennen (er/sie nennt, nannte, hat genannt)
passieren (es passiert, passierte, ist passiert)
raten (er/sie rät, riet, hat geraten)
reiten (er/sie reitet, ritt, ist geritten)
rennen (er/sie rennt, rannte, ist gerannt)
rufen (er/sie ruft, rief, hat gerufen)
scheinen (er/sie scheint, schien, hat geschienen)
schlafen (er/sie schläft, schlief, hat geschlafen)
schlagen (er/sie schlägt, schlug, hat geschlagen)
schließen (er/sie schließt, schloss, hat geschlossen)
schneiden (er/sie schneidet, schnitt, hat geschnitten)
schreiben (er/sie schreibt, schrieb, hat geschrieben)
schreien (er/sie schreit, schrie, hat geschrien)
schwimmen (er/sie schwimmt, schwamm, ist geschwommen)
schwinden (er/sie schwindet, schwand, ist geschwunden)
sehen (er/sie sieht, sah, hat gesehen)
sein (ich bin, du bist, er/sie ist, wir sind, ihr seid, sie sind, ich war, du warst, er/sie war, wir waren, ihr wart, ist gewesen)
singen (er/sie singt, sang, hat gesungen)
sollen (er/sie soll, sollte, hat gesollt)
sprechen (er/sie spricht, sprach, hat gesprochen)
springen (er/sie springt, sprang, ist gesprungen)
stattfinden (es findet statt, fand statt, hat stattgefunden)
stechen (er/sie sticht, stach, hat gestochen)
stehen (er/sie steht, stand, hat/ist gestanden)
stehlen (er/sie stiehlt, stahl, hat gestohlen)
steigen (er/sie steigt, stieg, ist gestiegen)
sterben (er/sie stirbt, starb, ist gestorben)
stinken (er/sie stinkt, stank, hat gestunken)
stoßen (er/sie stößt, stieß, hat gestoßen)
(sich) streiten (er/sie streitet, stritt, hat gestritten)
teilnehmen (er/sie nimmt teil, nahm teil, hat teilgenommen)
tragen (er/sie trägt, trug, hat getragen)
(sich) treffen (er/sie trifft, traf, hat getroffen)
treten (er/sie tritt, trat, hat getreten)
trinken (er/sie trinkt, trank, hat getrunken)
tun (er/sie tut, tat, hat getan)
(sich) unterhalten (er/sie unterhält, unterhielt, hat unterhalten)
umziehen (er/sie zieht um, zog um, ist umgezogen)
unterscheiden (er/sie unterscheidet, unterschied, hat unterschieden)
verbieten (er/sie verbietet, verbot, hat verboten)
verbrennen (er/sie verbrennt, verbrannte, hat verbrannt)
vergessen (er/sie vergisst, vergaß, hat vergessen)
verlassen (er/sie verlässt, verließ, hat verlassen)
verlieren (er/sie verliert, verlor, hat verloren)
verschwinden (er/sie verschwindet, verschwand, ist verschwunden)
verraten (er/sie verrät, verriet, hat verraten)
versprechen (er/sie verspricht, versprach, hat versprochen)
verstehen (er/sie versteht, verstand, hat verstanden)
vertreten (er/sie vertritt, vertrat, hat vertreten)
vorziehen (er/sie zieht vor, zog vor, hat vorgezogen)
wachsen (er/sie wächst, wuchs, ist gewachsen)
waschen (er/sie wäscht, wusch, hat gewaschen)
wehtun (es tut weh, tat weh, hat wehgetan)
werden (er/sie wird, wurde, ist geworden)
werfen (er/sie wirft, warf, hat geworfen)
widersprechen (er/sie widerspricht, widersprach, hat widersprochen)
wiegen (er/sie wiegt, wog, hat gewogen)
wissen (er/sie weiß, wusste, hat gewusst)
wollen (er/sie will, wollte, hat gewollt)
ziehen (er/sie zieht, zog, hat gezogen)
zunehmen (er/sie nimmt zu, nahm zu, hat zugenommen)
zwingen (er/sie zwingt, zwang, hat gezwungen)

E2 Unfall im Park 25

b **Rollenspiel. Spielt zu dritt. Eine Polizistin / Ein Polizist befragt Toni und die Hundebesitzerin zu dem Unfall. Was ist wirklich passiert? Verteilt die Rollen und lest jeweils eure Rollenkarte (hier und auf S. 14). Spielt dann das Rollenspiel.**

Du bist Toni. Erzähl vom Unfall.
Ich fuhr so schnell wie möglich weiter. Der Hund lief mir nach und biss mich ins Bein. Ein Kinderwagen stand auf dem Radweg. Ich sah ihn viel zu spät und konnte nicht mehr stehen bleiben. Es war gut, dass der Kinderwagen leer war. Ich stürzte, und mein Bein war gebrochen. Niemand half mir, ich musste mit dem Handy einen Krankenwagen rufen.

Du bist die Hundebesitzerin. Erzähl vom Unfall.
Der Radfahrer fuhr viel zu schnell. Er fuhr auf dem Gehweg. Mein Hund war an der Leine, aber er spielte gerade mit einem anderen Hund. Ein Kinderwagen stand auf dem Gehweg. Der Radfahrer sah den Kinderwagen viel zu spät. Das Baby ist hoffentlich nicht verletzt. Jemand half dem Radfahrer nach dem Unfall.

⊕1 Tiergeschichten 25

a **Lies die sechs Überschriften zur Geschichte von Carina und ihrer Katze Kira.**

1. Carina bekommt eine kleine Katze.
2. Carina und die Katze werden enge Freunde.
3. Carina muss sich von ihrer Katze trennen.
4. Carina kommt auf Besuch nach Hause.
5. Carina wird von ihrer Katze gerettet.
6. Carina erzählt ihrer Mutter von ihrem Erlebnis im Keller.

b **Lies die drei Teile der Geschichte und ordne drei passende Überschriften aus a zu. Deine Partnerin / Dein Partner liest die anderen drei Teile auf Seite 15. Erzählt euch dann den Inhalt der Textteile in der richtigen Reihenfolge (1–6). Was ist an Carinas Geschichte seltsam?**

D (?) Zwischen Carina und Kira entwickelte sich eine besondere Beziehung. Carina liebte ihre Katze über alles. Sie nahm sie überallhin mit: zu ihrer Großmutter, zu ihrem Lieblingsplatz im Wald, ja sogar zum Einkaufen. Kira wartete dann vor dem Geschäft auf Carina und lief mit ihr wieder nach Hause. Zu allen anderen Familienmitgliedern hatte die kleine Katze nur wenig Vertrauen. Immer wenn jemand anderer außer Carina sie füttern wollte, fraß die Katze nichts. Immer wenn jemand anderer außer Carina Kira locken und hochheben wollte, lief sie davon. Nur Carina durfte mit ihr machen, was sie wollte.

F (?) Acht Jahre lang waren Carina und ihre Katze unzertrennlich. Doch dann musste Carina in eine Internatsschule in der Hauptstadt gehen. An der Schule waren keine Haustiere erlaubt, und Carina musste sich von ihrer Katze trennen. Schon einige Tage vor Carinas Abfahrt wurde Kira unruhig. Dann kam der Tag des Abschieds. Als Carina zum Auto ging, sah sie Kira hinter ihrem Zimmerfenster. Verzweifelt versuchte die Katze, einen Weg aus dem Haus zu finden. Mit Tränen in den Augen winkte Carina ihr zum Abschied zu und stieg in den Wagen.

Kiras Abschied

E (?) Carina war hungrig und wollte sich etwas zu essen machen. Sie ging in den Keller. Dort stand ein riesiges Regal mit allen wichtigen Lebensmitteln. Wie immer lief Kira mit ihr mit. Als Carina sich dem Regal näherte, stellte sich die Katze jedoch vor Carina auf und begann zu fauchen. Carina wollte an ihr vorbeigehen, doch da sprang Kira hoch und kratzte sie an der Hand. Carina schrie auf. Es tat sehr weh, und die Wunde blutete. Was war mit ihrer Katze los? Carina brauchte ein Pflaster. Sie drehte sich um und wollte gerade nach oben gehen, da hörte sie hinter sich ein Geräusch. Sie drehte sich um und sah, wie das riesige, schwere Regal nach vorne kippte und umfiel.

(i)
etwas entwickelt sich ≈ etwas wird deutlich
- Beziehung ≈ wie etwas zusammenpasst oder nicht zusammenpasst
- Familienmitglied ≈ Teil von der Familie

fauchen ≈ aggressiver Laut einer Katze
- Wunde ≈ blutige Verletzung

unzertrennlich ≈ man kann die Personen nicht trennen

E2 Claras Ideen zum Klimawandel 28

c **Löst die Rechenaufgabe.**

Im Jahr 2020 produzierten die Deutschen pro Kopf 8 Tonnen CO_2 (= inklusive Industrieproduktion), die US-Amerikaner doppelt so viel, die Chinesen genauso viel wie die Deutschen. Experten erklären, dass der durchschnittliche Pro-Kopf-Verbrauch weltweit nicht mehr als 3.000 kg sein darf, wenn der Klimawandel gestoppt werden soll. Wie viel CO_2 müssen US-Amerikaner, Deutsche und Chinesen pro Kopf einsparen, um dieses Ziel zu erreichen?

Lösung:
Die Deutschen müssten 5.000 kg CO_2 pro Kopf und Jahr einsparen, genauso die Chinesen.
Die US-Amerikaner müssten sogar 13.000 kg pro Kopf und Jahr einsparen.

B2 „Glückspilze" und „Pechvögel" 29

a

Verben mit Dativ,
Verben mit Dativ und Akkusativ (lernen!)
alle Leute schenken ihr etwas
nichts gefällt ihm
niemand hört ihnen gern zu
nichts passt ihm
man kann ihm nichts erklären
nichts gelingt ihnen
niemand leiht ihm etwas
man kann ihr nichts Neues erzählen
man hört und sieht ihm gern zu
ich zeige ihr sicher nicht mein neues Handy
man muss ihnen oft weiterhelfen ...

Verben mit Akkusativ (= die meisten Verben)
alle/niemand/viele ... mögen sie
alle/manche ... bewundern sie
die meisten/viele ... finden ihn nervig/cool/idiotisch/interessant/lustig ...
jeder/niemand ... lädt ihn gern zu einer Party ein
man nimmt sie nicht gern auf einen Ausflug mit
man ruft ihn gern/nicht gern an ...

B2 Wie misstrauisch bist du? 30

b

0–4 Punkte	Du vertraust anderen Personen sehr schnell. Dabei bist du manchmal aber auch etwas leichtgläubig. Sei vorsichtig! Zu großes Vertrauen kann leicht enttäuscht werden.
5–9 Punkte	Du möchtest anderen Menschen gern vertrauen. Du weißt aber auch, dass du in vielen Situationen vorsichtig sein musst.
10–13 Punkte	Du bist ziemlich misstrauisch. Vielleicht solltest du in manchen Situationen anderen Menschen doch eine Chance geben.
14–18 Punkte	Du vertraust nicht einmal diesem Fragebogen. Deshalb hast du dich meistens für die Spaßantworten entschieden.

E3 Was man so liest und hört ... 30

Spielregeln für das Kettenspiel

1 Schreib einen Satz wie im Beispiel. Sag deinen Satz deiner Nachbarin / deinem Nachbarn. Sie/Er sagt dir ihren/seinen Satz.
Ich habe gehört, in Neustadt soll ein Flughafen gebaut werden.
2 Sucht jetzt neue Partner. Gebt den Satz weiter, den ihr gerade gehört habt.
3 Merkt euch den Satz, den ihr von euren neuen Partnern hört, und sagt ihn dann wieder einem neuen Partner weiter.
4 Sagt die Sätze, die ihr zuletzt gehört habt, und vergleicht in der Klasse.

Markus hat gehört, in Neustadt soll ein neuer Flughafen gebaut werden.

1 Verb

a Perfekt

Ich **habe** ... **angerufen**, ich **bin** ... **gefahren** ...

haben / sein + Partizip II

Bist du auf dem Fahrradweg gefahren, Toni?

S. 14

! *haben, sein* und Modalverben stehen meistens im Präteritum: war / hatte / wollte ...

b Präteritum

Präteritum mit -te
ich kaufte, ich machte, ...

ich, er, es, sie, man → -te
du → -test
ihr → -tet
wir, sie, Sie → -ten
! Kein Umlaut!

Besondere Verben
Ich fuhr, ich lief, ...

Liste S. 73

ich, er, es, sie, man:
– (keine Endung)

Plötzlich lief ein Hund in meine Richtung und ...

S. 11

c Konjunktiv II der Gegenwart: Wünsche und Ratschläge

Wünsche:
Ich **wäre** gern ...
Ich **hätte** lieber ...
Ich **würde** am liebsten ... **fahren**.

er, es, sie, man:
wär- / hätt- / würd-: -e

Ich **würde** auch lieber ins Kino **gehen**, statt mit einer Dreijährigen zu spielen.

Ratschläge:
Du solltest nicht ... (, ohne zu ...)
Du solltest lieber ..., als ...

Du **solltest** nicht babysitten, ohne eine Ahnung von Babys zu haben.

S. 34, 58

d Passiv Präsens

Die Luft wird verschmutzt. ≈Passiv
Abgase verschmutzen die Luft. ≈ Aktiv

werden + Partizip II

Die Meere **werden** leer **gefischt**.

S. 39

2 Artikel, Nomen und Pronomen, Präpositionen

a *du – Sie*

Duzen:
zu einer Person: Ist das dein Hund?
Gehört der Hund dir? Hast du keine Hundeleine?
zu mehreren Personen: Ist das euer Hund?
Gehört der Hund euch? Habt ihr keine Hundeleine?

Siezen:
zu einer oder mehreren Personen:
Ist das Ihr Hund? Gehört der Hund Ihnen? Haben Sie keine Hundeleine?

S. 14

b Präpositionen mit Akkusativ

durch, für, gegen, ohne, um + Akkusativ

S. 19

c **Wechselpräpositionen**

auf, über, an, in, vor, hinter, zwischen, neben, unter

wohin? →
→ Wechselpräposition + Akkusativ
wo? ◉
→ Wechselpräposition + Dativ

S. 19

d **Präpositionen mit Dativ**

von, aus, zu, nach, mit, ab, bei, seit, außer + Dativ

Eine Frau sitzt **in** einem Flugzeug. **Neben** ihr steht …

S. 19

e **Genitiv**

Die Grafik zeigt …	
den Anstieg	**des** • Meeresspiegels.
den Rückgang	**des** • Gletschereises.
die Veränderung	**der** • Durchschnittstemperatur.
die Zahl	**der** • Sturmfluten.

Genitiv
• • → **-es** (Nomen + **-s**)
• • → **-er**

S. 38

3 Adjektiv

a **Komparativ und Superlativ**

	Komparativ	Superlativ
klein	klein**er**	**am** klein**sten** – **der/das/die** klein**ste**

! kurze Adjektive mit *a, o, u:* — w**a**rm – w**ä**rmer – am w**ä**rmsten …
Adjektive auf *-el* und *-er:* — teu**er** – teu**rer** – am teuersten; dunk**el** – dunk**ler** – am dunkelsten
besondere Formen: — hoch – **höh**er – am **höch**sten; nah – **näh**er – am **näch**sten; gut – **besser** – am **besten**; viel – **mehr** – am **meisten**; gern – **lieber** – am **liebsten**

Wenn jemand nervös ist, spielt man ihn noch **nervöser**, als er wirklich ist..

S. 17

b **Adjektivendungen Singular**

Leon trägt **ein** weiß**es** T-Shirt und **eine** schwarz**e** Hose.

Hauptregel: -en
Singularregel 1: nach • der, das, die, eine → **-e**
Singularregel 2: nach ein → • **-er** oder • **-es**

c **Adjektivendungen Plural**

Ich mag **keine** weit**en** Blusen, ich trage lieber eng**e** T-Shirts.

Hauptregel: -en
Pluralregel 1: ohne Artikelwort im Nominativ und Akkusativ → **-e**

Sie haben beide **kurze**, **braune**, **glatte** Haare, ein **rundes** Gesicht und eine **sportliche** Figur.

S. 52

4 Satz

a Nebensätze

wenn: Ich freue mich, **wenn** er **kommt**. 🙂

weil: Ich freue mich, **weil** er **kommt**. 🙂

dass: Er hat versprochen, **dass** er **kommt**. 🙂

obwohl: Er kommt nicht, **obwohl** er es versprochen **hat**. ☹

S. 14, 16, 17

b Konnektoren *deshalb, denn*

deshalb: Er hat gesagt, dass er heute Abend kommt. **Deshalb** **freue** ich mich.

denn: Ich freue mich, **denn** er **kommt** heute Abend. ≈ Ich freue mich, weil er kommt.

S. 17

c Indirekte Fragesätze

Tara will wissen, …

wie hoch die Durchschnittstemperatur auf der Erde **ist**.

ob eine neue Eiszeit **kommt**.

Wie hoch ist die Durchschnittstemperatur auf der Erde?
Kommt eine neue Eiszeit?

S. 38

d Relativsätze (Relativpronomen im Nominativ)

Ein • **Mann**, Was für ein Mann? • **der** weit gereist ist.

Eine • **Frau**, • **die** weit gereist ist.

Ein • **Kind**, • **das** weit gereist ist.

• **Männer**, • **Frauen und** • **Kinder**, • **die** weit gereist sind.

S. 50

e Infinitiv mit *zu*

Es ist für mich wichtig, viele Freunde **zu haben**.

Für Niko ist es wichtig, gut **auszusehen**.

! aus**zu**sehen, vor**zu**bereiten …

zu + Infinitiv nach:
beginnen, Lust haben, versuchen … → Aktion
es ist einfach / wichtig / schwierig / lustig … → Aktion

S. 32

Seite 13, Lektion 25, D1a

Auswertung „Bist du ein/kein Hundefreund?"

7–9 Punkte: Du bist ein großer Hundefreund.
4–6 Punkte: Für dich sind Hunde nicht besonders wichtig.
3 Punkte: Du magst Hunde nicht, manchmal hast du sogar Angst vor ihnen.

Seite 36, Lektion 28, A1b

Die Sätze 2 und 7 haben nichts mit dem Klimawandel zu tun.

Seite 56, Lektion 30, A1b

Diese Ereignisse fanden in folgender Zeit statt:

1 Leonardo da Vinci malte sein berühmtes Bild „Mona Lisa" von 1503 bis 1505.
2 Die Französische Revolution dauerte von 1789 bis 1799.
3 Kolumbus entdeckte 1492 Amerika.
4 Der Dreißigjährige Krieg dauerte von 1618 bis 1648.
5 William Shakespeare schrieb hauptsächlich im 16. Jahrhundert seine Theaterstücke. Wenige Stücke schrieb er Anfang des 17. Jahrhunderts.
6 In Europa wurden seit dem Mittelalter Tausende unschuldige Frauen als Hexen verbrannt. Die Hexenverfolgung war im 17. Jahrhundert besonders weit verbreitet.
7 Wolfgang Amadeus Mozart wurde am 27. Januar 1756 in Salzburg geboren.
8 Der Sonnenkönig Ludwig XIV. regierte in Frankreich von 1643 bis 1715.

Seite 61, Lektion 30, D1e

Sportler laufen auf dem Wasser: Es ist möglich, dass das Video echt ist. Das Video ist so aufgenommen, dass man denkt, der Läufer läuft auf dem Wasser. In Wirklichkeit ist es am Strand gedreht, wo das Wasser überhaupt nicht tief ist.
Vogel attackiert Kleinkind: Es ist zwar möglich, dass ein Adler ein Baby packt, aber das Baby würde wahrscheinlich nicht schlafen und auch eine andere Position haben. Das Video ist eine Fälschung.

Seite 63, Lektion 30, ⊕ 1b

Mögliche Situationen

1 Die Schüler machen Lärm, deshalb muss der Lehrer laut werden.
2 Ich vermute, sie hat Zwillingsschwestern, die beide ein Jahr älter als sie sind.
3 Ich habe gehört, dass Ruths Freund vielleicht Arzt ist. Ruth weiß das aber noch nicht.
4 Das Bett ist weich genug, nur das Kissen ist hart.

> i
> • Kissen ≈ weicher Gegenstand, auf den man im Bett seinen Kopf legt

5 Er hat in diesem Moment (= gerade) gesagt, dass das Regal nicht schief, sondern gerade ist.
6 keine passende Situation
7 Morgen findet ein wichtiges Fußballspiel statt. Ich bin aber nicht in der Stadt.
8 Ich habe meinem Freund etwas geschenkt, was ich gern zurückhaben möchte.

QUELLENVERZEICHNIS

Cover © Roman – stock.adobe.com
U2 © www.landkarten-erstellung.de HF/AB
S. 8: Pfote © Viorel Sima – stock.adobe.com; Katze © iStockphoto/LindaYolanda; Affe © iStockphoto/MissHibiscus; Hund © iStockphoto/zudy-box; Pfote © sonsedskaya – stock.adobe.com; Pfotenabdrücke © vorenl – stock.adobe.com
S. 9: Dr. Dolittle © RGR Collection/Alamy Stock Foto; Pfote © sonsedskaya – stock.adobe.com
S. 10: Washoe / Loulis © picture-alliance/AP Images|Uncredited – Laut Forschern der University of Oklahoma hat die Schimpansin Washoe ihrem Adoptivsohn Loulis die amerikanische Gebärdensprache beigebracht. Beide werden am 22. Oktober 1979 in Norman, Oklahoma, gezeigt.
S. 11: Schimpanse © PhotosbyPatrick – stock.adobe.com
S. 15: Carina © Getty Images/E+/filadendron
S. 16: Hintergrund Smileys © Drekhann – stock.adobe.com; Clown; Kind © Getty Images/iStock/romrodinka; Hund © fotolia/bigandt / Illustration © adobeexpress; Handy © Martin – stock.adobe.com; Mirjam © Getty Images/iStock/PeopleImages
S. 17: Hintergrund Smileys © Drekhann – stock.adobe.com
S. 18: Mirjam © Getty Images/iStock/PeopleImages
S. 19: Gruppe © iStockphoto/skynesher; Wandern © Getty Images/iStock/Studio4; Crash © Getty Images/E+/mevans; Mädchen © Getty Images/iStock/AnnWorthy; Katze © Getty Images/iStock/Daria Kulkova
S. 20: Mirjam © Getty Images/iStock/PeopleImages
S. 23: David © Drobot Dean – stock.adobe.com
S. 24: ÜLL1a © Getty Images/iStock/Redline96; ÜLL1b Karten © Getty Images/iStock/Getty Images Plus/Panya; A © PantherMedia/Peter Wey; B © PantherMedia/Marcel Paschertz; C © PantherMedia/cibo; D © PantherMedia/Ralf Laesecke; E © PantherMedia/fotorobs; Wildschwein © PantherMedia/Roger Wissmann; Luchs © PantherMedia/stevebyland
S. 25: Pfote © sonsedskaya – stock.adobe.com; Pfotenabdrücke © vorenl – stock.adobe.com; Bär © Thinkstock/iStock/Terriana; Bruno (Bär) © action press/Museum Mensch und Natur – Problembär Bruno wird im Museum Mensch und Natur im Schloss Nymphenburg ausgestellt.
S. 28: A © iStockphoto/THEPALMER; B © iStockphoto/zennie; C © iStockphoto/StudioJInc; D © PantherMedia/Jürgen Wiesler; 1 © picture-alliance/Starz Stefanie/Verlagsgruppe News/picturedesk.com – ORF Show "The Mentalist", Thema: Phänomene, der Mentalist Manuel Horeth; 2 © iStockphoto/David Freund; 3 © Getty Images/E+/SDI Productions; 4 © ake – stock.adobe.com; Spirale © PerepadiaY – stock.adobe.com
S. 29: Spirale © PerepadiaY – stock.adobe.com; Tarotkarten © chikovnaya – stock.adobe.com; Manuel Horeth © picture-alliance/Günther Pichlkostner/First Look/picturedesk.com – 11.01.2019 – 11:30 UHR "STÖCKL." Sendung 3sat – Im Bild: Elisabeth Görgl, Manuel Horeth.
S. 32: Anna © Shutterstock.com/SpeedKingz; Niko © Getty Images/E+/oleg66
S. 35: Ski © iStockphoto/technotr; Joshi © Shutterstock.com/sylv1rob1
S. 36: Monise © Getty Images/iStock/Alina555; Arne © iStockphoto/knape; Hallig © fotolia/Anke Simon; Tuvalu © Getty Images/iStock/mtcurado; Karte © fotolia/photallery; Wasser © Honey Bear – stock.adobe.com (KI-generiert); Sturmflut © Getty Images/iStock/Moorefam; Gletscher © PantherMedia/Peter W.; Korallenriff © fotolia/Hennie Kissling
S. 37: Wasser © Honey Bear – stock.adobe.com (KI-generiert), Tuvalu © Getty Images/iStock/mtcurado; Muscheln von oben nach unten: © fotolia/Robert Nocon; © fotolia/Stefan Thiermayer; © fotolia/Robert Nocon
S. 39: Schildkröte © Getty Images/iStock/RomoloTavani; Feld © Getty Images/iStock/fotokostic; Fisch © iStockphoto/ndejan; Müllhalde © iStockphoto/marpalusz
S 40: Öl © iStockphoto/eyeidea; Kohle © iStockphoto/eyecrave; Wind © fotolia/Rafa Irusta; Solar © iStockphoto/danielschoenen; Atomkraft © iStockphoto/narvikk; Wasserkraft © iStockphoto/Ian Graham; Stromleitung © MaxSafaniuk – stock.adobe.com (KI-generiert)
S. 41: Erbeeren © fotolia/Bauer Alex; Stau © fotolia/Kalle Kolodziej
S. 43: Fußabdrücke © Vera NewSib – stock.adobe.com
S. 44: Haribo Goldbären © HARIBO GmbH & Co. KG
S. 45: Ozean © fotolia/S; Sahara © fotolia/barantza; Nordpol © fotolia/danielegen
S. 48: Bahnhof © iStockphoto/ollo
S. 55: Merle © Getty Images/iStock/Photo_Concepts
S. 56: Krieg © iStockphoto/belterz; Frau © Shutterstock.com/Nicoleta Ionescu; Kurve © Shutterstock.com/Westlight; Unwetter © Getty Images/iStock/clintspencer; Pest © Art World/Alamy Stock Foto; Oswald © iStock/duncan1890; Jens © Shutterstock.com/Cast Of Thousands; Feld © Brilliant Eye – stock.adobe.com
S. 57: Feld © Brilliant Eye – stock.adobe.com; Frau © Kateryna Kutsevol – stock.adobe.com; Buch © Getty Images/iStock/daboost
S. 58: Chemtrails © Shutterstock.com/Gajus; Astronaut © NASA – 20. Juli 1969 – Astronaut Buzz Aldrin, Pilot der Mondlandefähre, läuft auf der Mondoberfläche in der Nähe der Mondlandefähre. Kommandant Astronaut Neil A. Armstrong nahm dieses Foto mit einer 70-mm-Mondoberflächenkamera auf.; Aluhut © Shutterstock.com/andrey2017
S. 61: A Hans Rusinek; B © iStockphoto/Valentyn Volkov; C © iStockphoto/ SteveByland; D © iStockphoto/skodonnell; Sportler © Getty Images/E+/Gang Zhou; Adler © Shutterstock.com/Lukas Gojda; Baby © Shutterstock.com/kryzhov; Himmel SunsetSky004 by © RussellBrown – Adobe Free Stock
S. 62: Beine © Getty Images/E+/Gang Zhou; Feuerzeug © iStockphoto/Igor_Profe; Faden © iStockphoto/emily2k; Kette © iStockphoto/focalpix; Glocke © iStockphoto/dp3010; Autoreifen © iStockphoto/goce; Nagel © iStockphoto/milosluz; Hammer © iStockphoto/Hanis
S. 63: Yvette © Getty Images/E+/oleg66; Schlaufuchs12 © Getty Images/DigitalVision Vectors/yuoak
S. 64: Avatare © Getty Images/DigitalVision Vectors/yuoak
S. 65: Gretchen und Faust © Getty Images/E+/DianaHirsch; Batman und Robin © Atlaspix/Alamy Stock Foto; Hänsel und Gretel © Getty Images/iStock/NGvozdeva; Büroklammer © Getty Images/iStock/kolotuschenko
S. 70 – 72: Produktionsfotos: qub media, Hamburg
S. 70: Landkarte © www.landkarten-erstellung.de HF/AB
Gesamtes Lehrwerk Papierhintergründe: geknittert © Getty Images/iStock/Eplisterra; kariert © Getty Images/iStock/TARIK KIZILKAYA

Produktionsfotos: Florian Bachmeier, Schliersee
Illustrationen: Beate Fahrnländer, Lörrach
Zeichnungen „Rosi Rot und Wolfi“: Matthias Schwoerer, Badenweiler
Bildredaktion: Natascha Apelt, Hueber Verlag, München

Inhalt der CD
CD 1: Hörtexte zum Kursbuch Lektionen 25 – 28;
CD 2: Hörtexte zum Kursbuch Lektionen 29 – 30

Sprecherinnen und Sprecher: Peter Frerich, Manuel Scheuernstuhl, Peter Veit, Dascha von Waberer, Lilith von Waberer, Lara Wurmer, u. a.
Produktion: Atrium Studio, München